19 Mai 19

COLLECTION

ANTONY ROUX

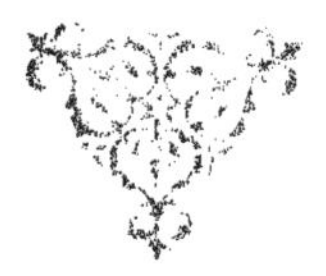

[illegible]

COLLECTION

ANTONY ROUX

CONDITIONS DE LA VENTE

Elle sera faite au comptant.

Les acquéreurs payeront *dix pour cent* en sus des enchères.

ORDRE DES VACATIONS

Le Mardi 19 Mai 1914

	Numéros.
Tableaux, Aquarelles.	1 à 100

Le Mercredi 20 Mai 1914

Sculptures	101 à 150
Objets d'art et d'ameublement	151 à 167

Paris. — Imprimerie Georges Petit, 12, rue Godot-de-Mauroi. — 28692-14.

Collection Antony Roux

CATALOGUE

DES

IMPORTANTS

TABLEAUX MODERNES

ET AQUARELLES

PAR

BARYE, COROT, EUG. DELACROIX, DIAZ, EUG. FROMENTIN
LÉPINE, E. MEISSONIER, GUSTAVE MOREAU, G. RICARD, TH. ROUSSEAU
ALFRED STEVENS, ANTOINE VOLLON, ZIEM

Sculptures remarquables par A. RODIN

Modèles et Bronzes anciens, par A.-L. BARYE

Dont la vente, par suite du décès de M. ANTONY ROUX

AURA LIEU A PARIS

GALERIE GEORGES PETIT, 8, rue de Sèze

Les Mardi 19 et Mercredi 20 Mai 1914, à 2 heures

COMMISSAIRES-PRISEURS

Me F. LAIR-DUBREUIL
6, rue Favart, 6

Me HENRI BAUDOIN
10, rue de la Grange-Batelière, 10

EXPERTS POUR LES TABLEAUX ET LES SCULPTURES

M. GEORGES PETIT
8, rue de Sèze, 8

M. HECTOR BRAME
2, rue Laffitte, 2

EXPERTS POUR LES OBJETS D'ART ET D'AMEUBLEMENT

MM. PAULME & B. LASQUIN Fils
10, rue Chauchat, 10 — 11, rue Grange-Batelière, 11

EXPOSITIONS

PARTICULIÈRE : *Le Lundi 18 Mai 1914, de 10 heures à midi.*

PUBLIQUES { *Le Lundi 18 Mai 1914, de 1 heure à 6 heures.*
Le Mardi 19 Mai 1914, de 10 heures à midi.

LA
COLLECTIO NANTONY ROUX

Formée par un amateur du goût le plus sûr, qui vivait dans l'intimité des artistes et qui cueillait, dans un élan enthousiaste, l'œuvre qui venait d'éclore, la collection Antony Roux est mieux qu'une réunion d'œuvres bien choisies : c'est un tout organique et vivant, écho d'une personnalité profondément sensible à la beauté et profondément sincère dans ses émotions.

A cet harmonieux ensemble manque cependant le joyau qui le couronnait : *les soixante-trois aquarelles de Gustave **Moreau*** sur ***les Fables de La Fontaine***. C'est grâce à l'initiative d'Antony Roux que le grand artiste a produit cette œuvre capitale et unique par son originalité, sa variété, ses richesses picturales, sa spontanéité symbolique et sa haute envergure de pensée. Il importait, par-dessus tout, qu'un pareil monument ne risquât pas d'être morcelé, qu'il fut confié à la garde d'un fervent ami de l'art, ayant à cœur d'en assurer l'intégrité pour longtemps et peut-être pour toujours. Voilà pourquoi *les Fables de La Fontaine*, par Gustave Moreau, manquent à la place qu'elles devraient occuper.

GUSTAVE MOREAU

Mais le peintre qui, contenant son rêve, se soumettait au programme rigoureux proposé par son ami pour transfigurer la fable, devait donner libre carrière à son génie dans l'épopée et le drame. Le *Moïse exposé*, l'*Oreste* et *les Érynnies* en sont le plus complet épanouissement.

Moïse exposé sur le Nil dort dans son berceau à travers les fleurs. Les méandres du fleuve sont bordés d'imposantes ruines. Une lumière ambrée caresse les colonnes et les pilastres sous le ciel bleu et les teintes rosées du crépuscule. C'est le grand soir de l'Égypte et l'aurore d'un âge nouveau. L'ambiance vaporeuse qui enveloppe toute cette architecture, contraste avec le dessin précis, le modelé ferme, le coloris franc de Moïse, de ses langes et de sa nacelle. C'est bien l'opposition de la norme rigide, de la doctrine concise du grand législateur avec les traditions voilées et légendaires du pays des Pharaons.

Mais, peu à peu, les pierres s'animent : des figures se modèlent à travers la brume. C'est l'œil bleu d'un sphinx énorme fasciné par les aigrettes lumineuses qui jaillissent du vaste front de l'enfant prédestiné. Et vers le fond, sous les portiques en ruines, engainés dans la pierre, les rois regardent l'homme qui fondera sur des volontés un édifice plus durable que les monuments de pierre élevés par leur orgueil.

De l'autre côté, au haut d'une stèle, un autre sphinx a le regard perdu dans la vision des destinées inouïes. Trois têtes royales s'alignent sur un contrefort, comme des coryphées proclamant l'avènement d'un idéal qu'il n'ont su atteindre. Et le long de la stèle, derrière l'enfant, sont gravés les dieux et les symboles, abstractions théologiques qui vont céder le pas à une religion vivante.

Nulle part, à notre sens, le génie de Gustave Moreau ne s'est affirmé plus complet. La profondeur de la pensée se dégage de la beauté même de l'exécution. Il est vraiment magistral, ce contraste extrême allié à des transitions si bien ménagées, qui conduisent progressivement le regard de Moïse à cette ambiance prestigieuse. Ce n'est certes pas là de la littérature comme voudraient le faire accroire les détracteurs de l'idéal : c'est le verbe, essentiellement pictural, d'une idée de haute philosophie et de poésie profonde.

Oreste et les Érynnies est le digne voisin du Moïse. Là encore, c'est le même principe de composition qui expose le rêve intérieur à côté de la réalité tangible.

C'est Oreste gisant épuisé que l'on voit tout d'abord. C'est son accablement après les tempêtes cérébrales de ses remords et de ses cauchemars. Il va abandonner le glaive, reniant sa fallacieuse fonction de justicier : il s'affaisse au pied des griffons, devant l'embrasure qui s'ouvre vers les énigmes de l'Au-delà. Tout est violent dans ce dessin et ce coloris : geste extrême, teint livide, tons crus de la draperie tricolore. Mais, derrière lui, un groupe harmonieux sort de l'ombre. Les terribles Érynnies se transforment en Euménides. Une angélique figure s'élève les bras croisés sur la poitrine : elle est toute de miséricorde et de pardon. De chaque côté s'effacent, au second plan, ses deux terribles sœurs : monstres de l'épouvante et du désespoir. La paix rédemptrice évoquée par l'harmonie de ce groupe nous émeut jusqu'au larmes.

Et devant Oreste terrassé, sur une colonne, se dresse le serpent ailé, ver du désir qui obscurcit la raison et qui précipite l'homme dans les enfers de la fatalité. Mais la triple auréole rouge des Euménides darde un rayonnement d'or. De la passion épuisée émerge la pensée du salut. Et les rais de lumière réfléchis sur les murs du temple plein de mystère, conduisent le regard en haut, vers une porte fermée ; c'est l'accès d'une doctrine émancipatrice dont le temps n'est pas encore venu.

Admirable conception, dont nous venons à peine de soulever le voile, et qui place Gustave Moreau à côté d'Eschyle. Ici, la peinture atteint au rôle sublime que les Tragiques grecs et Wagner ont su donner à la poésie dramatique et au drame musical. Comme eux, Gustave Moreau a tiré de son art le verbe concret de la pensée ésotérique la plus sublime.

L'Égalité devant la mort est encore une hantise des mythes profonds de la Grèce. La Sphynge Nature, aux ailes de cygne qui animent tout l'univers, aux seins tendus qui font vibrer la vie, à la griffe impitoyable, siège dans une candide impassibilité et tient close la boîte de Pandore. Derrière elle, sur la colonne brune des choses qui vieillissent, s'élève l'urne de saphir, où l'histoire consacre les cendres. Le beau voyageur, à la figure innocente, ceint d'une écharpe bleue d'idéal, marche, courageux et résigné, vers le sort inéluctable. La Sphynge le regarde venir, tandis que sous sa patte râlent des humains. Et la route se prolonge à droite dans la gorge sombre où, comme un rideau obscur, descend un ciel opaque et trouble, chargé de l'angoisse de mystères de l'Au-delà.

Autour de ces trois œuvres maitresses se groupe un cycle d'idées picturales d'une précieuse concision :

L'Orphée charmant les animaux et *les Anges messagers* sont deux paroles de lumière. La première est proférée au milieu des brumes épaisses de la bestialité : une lueur falotte commence à poindre dans le chaos. La seconde se répand dans un ciel tacheté de gros nuages compacts bordés d'argent : c'est la séparation de la lumière et des ténèbres, des appétits et de l'idéal.

Et quelle opposition entre *la Madeleine en prière* et *le Christ dans le Jardin des Oliviers*. Là, c'est la phase de limpidité sèche et aride d'une conscience qui a fait le désert en elle pour s'épurer. Ici, c'est la nuit lugubre, oppressant le Christ : une zone d'éclaircie surmonte les anges consolateurs. Et ce bleu que le noir envahit, c'est bien l'âme de l'innocent chargé des crimes qu'il n'a pas commis.

Remarquable est aussi le contraste entre les deux fiancées. *La Fiancée de la nuit*, inspirée par le « Cantique des Cantiques », c'est le joyau de l'amour qui illumine la nuit de l'âme, c'est la reine parée pour les noces sublimes. L'autre fiancée, Andromède, c'est l'âme captive exposée dans sa nudité, attendant le libérateur qui vient au milieu des rutilances du combat. Ce petit tableau de *Persée et Andromède*, c'est la fanfare de la conquête de la femme.

Plus sinistre est le duel entre *Hercule et l'hydre* : dans une atmosphère saturée de lourdes vapeurs, sur l'herbe jaunie et brûlée, se dresse l'hydre aux sept têtes : l'une d'elle est prête à se détendre : Hercule se rassemble pour l'attaque.

A l'amour et à l'héroïsme s'oppose la perversité. Cette *Femme à son lever* qui s'étire au milieu d'un accord dissonnant de vives couleurs c'est le maléfice du caprice. — Mais *la Femme persane à sa toilette* sait bien ce qu'elle veut : tandis que la sorcière tresse sa mitre de fleurs comme si elle composait un philtre meurtrier : l'odalisque prend l'attitude hiératique d'une déesse; l'ibis rouge d'Aphrodite qui surmonte sa tête nous dit bien ce qu'elle médite. — Et voilà une autre femme funeste, *Dalila*. Elle écoute aussi l'ibis instigateur des voluptés. Elle joue la nonchalance mélancolique : autour d'elle, du bleu d'innocence, un orangé d'ardeur généreuse, un vert de droite confiance : toute la gamme des fausses sincérités.

Et la reine de cette engeance, c'est Salomé. Sur sa jambe tendue flotte une draperie chatoyante : au fond Hérode plongé dans les ténèbres du désir inavouable : en face, la tête auréolée de Jean-Baptiste : miroitement de la volupté, rayonnement de la sainteté, le sang entre les deux, leur rançon commune : tout cela condensé en quelques coups de pinceau dans cette *Apparition*.

Mais *le Christ* étend les bras entouré par les anges, avec la croix de lumière sur la tête. Un ange s'abrite sous son flanc droit d'où s'épanche le sang de miséricorde, un autre soutient le bras gauche pour suspendre la rigueur : un troisième, à la figure grave, déploie ses ailes rouges et tient l'aune qui mesure la valeur du Sacrifice. C'est la Rédemption accomplie montrée à l'Univers à l'heure où montent les Ténèbres.

Cette œuvre de haute pensée est dignement escortée par les deux poètes. *Le Vates* avec son attitude méditative, son regard scrutateur, ses tons chauds et sombres, c'est la poésie tirée de la puissance de la pensée. *Le Poète indien* chevauchant dans sa robe blanche, escorté d'un génie aux ailes rouges, volant dans l'azur, c'est l'esprit qui se laisse guider par l'inspiration d'en haut. — Ces deux traits résument toute l'opposition de la muse d'Occident et du rêve de l'Orient.

Et le maître, qui s'est distrait un jour dans la fantaisie d'une *Promenade,* évocatrice du siècle de Watteau, reprend son vol par de là la poésie, dans la précieuse enluminure *d'Europe,* Gustave Moreau nous montre l'élan de tout l'être vers l'idéal absolu éveillé par l'amour. Mais lui dort maintenant délicieusement; tandis qu'Europe, dans un élan du charme le plus pur, cherche à retenir le Dieu se dévoilant dans son impassible majesté.

THÉODORE ROUSSEAU

En face de l'épopée humaine condensée dans le *Moïse* et l'*Oreste* de Moreau, *le Mont Blanc vu de la Faucille, effet d'orage,* de Th. Rousseau, nous développe l'épopée des Éléments. — La rafale secoue les sapins sur la crête, inonde l'herbe arrachée et la glaise ruisselante. A travers les nuées épaisses et noires, là-bas, au fond d'une immense plaine ténébreuse, un trait blanc sinistre : c'est le lac raboté par la tempête qui luit comme une lame d'argent. Au-dessus d'un voile noir épais se développe l'onde hérissée des crêtes neigeuses; elle se déploie, semblable aux retentissements d'un coup de tonnerre, tandis que la masse montagneuse est cerclée d'une ceinture de nuages fulgurants et fumeux. Les cimes blanches émergent de ce tartare et percent sur une trouée de ciel bleu entouré d'un turban de nuées tumultueuses. C'est la symphonie de l'orage développée à l'envergure royale de ses sublimes horizons. Et le maître savait bien que dans cette œuvre il avait atteint les cimes de l'art : car lorsqu'en 1867, le père Brame, à qui il venait de vendre tout son atelier, voulut enlever cette toile, il s'écria : Décrochez-les tous, mais pas celui-là !

Pour apaiser cette émotion grandiose, nous avons le repos suave du *Passage du gué* : on voudrait circuler dans ce site délicieux où défile tranquillement le troupeau. Chaque arbre, chaque pierre invite à s'y reposer.

Et *les Premières maisons de Port-en-Bessin*, avec leurs toits de chaume, le coteau sombre et le ciel aux lourds nuages font résonner un accord mineur d'avenante gravité, tandis que *la Jetée et le port de Granville*, avec ses bruns sombres et son échappée de bleu laisse, entre deux, la note ambiguë de la mer attirante et traîtresse. Et quelle austère grandeur évoque ce dessin d'une *Clairière dans la forêt*.

COROT

Rousseau, c'est la musique du paysage : c'est un verbe profond de la nature proféré par le pinceau : c'est le spectacle qui se prolonge jusque dans l'idée. Corot c'est, au contraire, l'âme qui vient se diluer dans la contemplation des yeux. Et c'est bien toutes les émotions vraies du maître que résument cette douzaine de paysages immaculés de tout compromis.

Le Pêcheur au bord d'un étang est d'une admirable sobriété : un ciel suave, une lumière filtrant au travers d'un arbre vaporeux et réfléchie dans une mare tranquille : c'est la poésie du paysage élevée à sa plus haute idéalité.

Plus intime est ce *Coin d'étang à Ville-d'Avray*, caresse savoureuse d'une fin d'automne où la vibration de l'air se joue dans la ramure d'un arbre dépouillé et fait miroiter les murs d'une maison lointaine et reluire ses tuiles rouges.

Tout autre est *le Fort Saint-Ange*. Tout à l'heure c'était la transformation continue des tons, ici c'est un contraste de lumière et d'ombre : c'est le clair-obscur délicat et franc des reflets rayonnés par la pierre et des ombres portées qui vont miroiter jusque dans les eaux.

Autour de cette *Charrette* qui s'en va sur la route ombragée d'Abbeville, une buée de sève pénétrante imprègne la verdure pâlie, et monte dans une atmosphère opulente ; tandis que la *Prairie sur la falaise* nous caresse des effluves impalpables d'un ciel léger, et que les gris ambrés glissent sur le paysage de *Saint-Nicolas-les-Arras*.

Un autre groupe de toiles vaut par les qualités opposées. C'est sur la solidité des plans et la densité des gris que repose leur harmonie : gris sombres et profonds dans *la Plage d'Yport ;* gris ardoisés et mats dans *le Tournant de rivière*, gris bleutés, clairs et froids dans *la Vue de Gênes, prise du Palais Doria.*

Et nous revenons à la gamme des verts : verts ouatés qui enveloppent la maison retirée à *Mothois, près de Gournay-en-Bray,* verts crus percés d'une lointaine éclaircie dans les *Bords d'une rivière sous les arbres.* Et pour que la palette de Corot soit complète, nous avons encore à admirer les belles lumières de ce *Moine en méditation* et le coloris des *Roses dans un verre.*

MAITRES DIVERS

Nous avons encore : un *Jonchet de fleurs,* vibrante pochade de Ziem, et les *Roses et Pivoines* de Diaz, dont la richesse chatoyante contraste avec l'enveloppe vaporeuse de sa timide *Jeune fille aux fleurs.* Mais de toutes les fleurs, la plus exquise, c'est ce bouton de rose printanier qu'est la *Tête de jeune femme* de Ricard. Fleur exquise de Montmartre rencontrée un jour par Ricard et Antony Roux. Elle rayonne encore sur la toile les effluves d'une enivrante jeunesse : son œil noyé, doux et attentif, ses lèvres entr'ouvertes semblent exhaler un souffle parfumé. Elle flotte entre le rêve et la réflexion.

Et pour reprendre pied après cette envolée de grisante poésie, le maître s'est astreint à faire reluire une bouillotte dans le sobre clair-obscur d'une *Nature morte.*

Gustave Moreau cristallise de l'idéal et crée avec la couleur un monde de rêve et de mythes ; Stevens fait chatoyer la splendeur des réalités mondaines. *En visite* réunit dans un salon d'artiste, au milieu des tapis et des meubles, une harmonie éclatante de riches toilettes ; et *Cache-cache* est un jeu subtil de précieuse virtuosité. Plus sobre et non moins étonnante est l'exécution dans *l'Illusion perdue ;* mais ici les séduisants détails s'oublient devant la belle attitude et la poignante expression de cette femme élégante. Et le peintre des salons et des étoffes, qui excelle dans l'orchestration des couleurs, s'est essayé avec bonheur dans le paysage. Il passe du brillant d'une mer moirée de gris-vert et rosé prise *au Large du Tréport* aux tons mats des bleus saturés du *Cap Martin, près Monte-Carlo.*

Par opposition avec cette prédominance du coloris sur la lumière, le *Marocain et son cheval*, de Delacroix est une puissante contention de couleur dans un accord grave où domine le clair-obscur. *Le Vautour* de Fromentin se détache sur un ciel couchant où vibrent les couleurs les plus chaudes. Et c'est encore un accord de riche coloris que nous offre *le Vieux Bassin de Honfleur*, par Vollon, puis un vif éclat de lumière dans son *Pont des Arts et l'Institut* pour en venir à une prestigieuse opposition de noir et de blanc dans cet effet de neige de *l'Hiver au bas de la Butte*, et enfin à une touche puissante de brun dans sa figure de *Pêcheur* qui sort de l'ombre. Par contraste avec cette large facture, nous avons deux Meissonier dont la finesse sans préciosité est empreinte d'une vie intense : l'*Étude de dragon en selle* et l'*Étude de cavalier*.

Aux flous brumeux de *Paris des hauteurs de Montmartre*, par Lépine, s'opposent les belles précisions d'un dessin remarquable dans *le Colisée*, d'une lumière franche et subtile à la fois.

Et nous revenons à la belle tenue classique d'un fini aisément rendu avec les belles aquarelles de Delaunay : le *Portrait de La Fontaine*. *Philémon et Baucis* et *le Vieillard et les trois jeunes hommes*. Comme contre-partie, de Nittis nous offre la fantaisie délicate de son *Idylle antique*.

BARYE; ALLAR

Mais, pour lutter avec la richesse éblouissante des aquarelles de Gustave Moreau, il fallait la puissante sobriété de Barye. *Le Taureau, l'Éléphant marchant, le Tigre royal couché* sont peints avec une solidité sculpturale, et les fonds puissants reflètent en quelque sorte l'âme de ces bêtes.

La douzaine de bronzes, épreuves de choix, belles patines recueillies parmi les chefs-d'œuvre du Phidias des animaux, équilibrent par leur pondération souveraine les accents extrêmes dans lesquels se complait Rodin. Et les petites bêtes de Jacques et de Gardet font une agréable escorte à cette faune superbe.

Mais, aux âpres accents de Barye, Allar nous oppose le charme du rythme le plus pur. Les femmes qui ornent les aiguières et celles qui s'enlèvent en bas-reliefs d'un bois aux tons chauds et brillants sont d'une élégance, d'une grâce et d'une distinction rare. C'est le parfum d'une brillante société que le sculpteur et l'amateur ont coudoyé ensemble.

RODIN

« Le premier amateur qui a osé acheter à Rodin » a su recueillir les élans primesautiers de l'artiste qui a parcouru la gamme des transes où la volupté confine à la douleur. C'est ce qu'on voit dans cette étreinte des *Damnées*, où l'une des deux comparses se dérobe à l'enlacement et au baiser avide, par une détente du torse sur les jambes repliées; et aussi chez *la Nymphe assaillie par un Faune*, qui cherche à se dégager de biais; et surtout dans la *Volupté des fleurs du mal*. L'une, repliée en deux, se bombe comme un ressort bandé, la jambe raidie, le dos creusé, tandis que sous son genou, s'allonge la vaincue dans l'abandon le plus passif : groupe remarquable entre tous, non seulement par la vie intense et le modelé vibrant, mais encore par la structure plastique, le jeu des lignes et la répartition des masses. Jusque dans *l'Idylle*, on trouve encore cet effort des couples à se délier, tandis qu'ils s'étreignent : mais c'est un effort langoureux des deux amants qui s'écartent pour se mieux enlacer. Et aussi, dans *l'Iris*, un recul impalpable de la jeune femme cambre son dos, tandis qu'elle se maintient par ses jambes serrées, cédant à la poussée aérienne de l'ange ailé et du souffle de son baiser.

Mais, maintenant, entrons dans les peines sans joie. D'une élégance exquise est la ligne svelte et le geste de la jeune femme qui passe son bras autour de sa confidente, tandis que celle-ci, le dos couvert d'une longue crinière, se tient comme un chien assis. Ce groupe de *la Jeune Fille confiant son secret à la Nature* est bloqué d'une façon remarquable : les lignes ouvertes de la jeune femme vont s'enrouler et se compacter vers sa compagne : c'est bien l'ouverture du secret et son tombeau. Il ressemble aussi à une confidence, ce groupe où une ondine amaigrie se pelotonne dans le sein du vieux *Glaucus*, au dos large courbé en forme de grotte. Tout ici est osseux, décharné. Et voici bien une autre misère : *l'Éternelle Idole*, femme sans grâce qui se tient le pied et se rejetant en arrière comme pour s'exonérer du contact lassant de cet homme affalé contre elle, qui se livre en esclave les mains derrière le dos; elle le regarde d'en haut, indifférente.

Et ce couple qui file si vite! Une femme passe pareille à une ondine glissante; elle entraîne l'homme renversé sur le dos, véritable épave humaine qui se raccroche désespérément. Hélas! *Amor fugit*.

Curieuses sont ces femmes aux attitudes étranges, où la tension se mêle à la lassitude : cette *Faunesse* au dos arrondi par le croisement de ses bras : la *Femme assise les pieds écartés,* pareille à une grenouille : cette *Jeune Femme accroupie* comme un chien. cette *Étude pour le Désespoir*, où une femme se tient une jambe levée, l'autre repliée, toutes deux crispées dans les attitudes extrêmes, symbole de la tension qui déchire l'âme : enfin. cette autre affalée contre un rocher, aux formes massives qui marquent le poids de *la Douleur*. Dans *la Baigneuse,* tous ces contrastes se combinent : le torse se creuse en avant de haut en bas, tandis que le recul des bras demi-pliés déprime le dos entre les épaules. Mais la pièce capitale, c'est *l'Homme au serpent*. Il semble que le statuaire ait voulu résumer là toute son œuvre par le symbole synthétique de la lutte de l'homme avec le terrible serpent. Les bras en croix, les jambes écartées, renversé en arrière, il fait effort pour délier l'étreinte : ce n'est pas l'offensive de l'Hercule de Moreau, c'est la défensive désespérée. Tous les muscles sont en jeu, mais les tenseurs l'emportent ici sur les fléchisseurs, qui se raidissent en arc-boutant pour maintenir l'homme debout.

Renversée aussi en arrière est la charmante *Femme* épanouie comme *la Fleur*. Ce n'est pas la détente angoissée d'un effort, c'est la dilatation de la joie de vivre qui étire ce ventre, bombe cette poitrine et creuse le dos, cambre les reins. Et, par contraste avec cette vision de jeunesse, nous sommes effarés par le réalisme de cette vieille qui fut *Haulmière*. Triste affaissement de la chair luxuriante, où la vibration figée s'est changée en rides repoussantes.

ZIEM

Antony Roux a glané dans l'atelier de son ami Ziem un bouquet où se marient les tons les plus chauds et les nuances les plus subtiles et qui exhale les parfums les plus exquis des rivages du Nord et du Midi.

Au milieu, rayonne une opulente fleur, chef-d'œuvre de lumière et de couleurs : *Santa Maria della Salute*. L'or doux du soleil couchant s'irradie et va porter des frissons dans les nuages légers, tandis qu'une flamme rouge jette son dernier feu et que les gondoles projettent une ombre chaude sur le clapotis des eaux.

Et cette *Venise : San Simeone in Piccolo* où les dômes verts de l'église, les nuages roses et les murs aux tons d'écaille reluisent comme des gemmes pénétrées à fond par la lumière. Harmonie charmante de tons très vifs reliés par des nuances d'une exquise douceur. Dans *l'Embouchure de la Meuse,* c'est une lumière nacrée où se marient le gris et le brun. Autour des ***Moulins au bord de l'Escaut,*** c'est la lumière mate et refroidie qui s'amortit au loin derrière les silhouettes sombres. Puis reviennent les fanfares de couleur dans le flamboiement rouge azur de la ***Frégate au grand pavois,*** dans l'explosion d'or des *Voiliers en vue de Stamboul*, les nuances citrines de *Sainte-Sophie,* la franchise du ciel turquoise taché de rouge et de blanc du *Bucentaure,* la papillotante *Fête de nuit sur le Grand Canal* et un bouquet de rouge, de noir, de rose et de bleu dans *la Fête de l'Adriatique.*

Et maintenant c'est la saveur limpide des bords de mers moins fréquentés : la gaîté des murs blancs et des gris ensoleillés miroitant dans l'eau où se détachent les *Tartanes des Martigues;* la crudité d'un soleil qui darde sur l'écran des *Vieilles maisons aux Martigues* baignant dans les bleus saturés de la mer et du ciel; la violence des verdâtres et cette trouée laiteuse dans un ciel noir des *Gros nuages de Saint-Érasme;* les contrastes accusés des *Barques de pêche* (Martigues) sur le brun rivage d'une mer bleu foncé; les jaunes intenses du soir *Sur les étangs* et la tache blanche des *Goëlands* sur les eaux vertes.

De ces vives oppositions nous passons aux gammes des transitions de couleur avec ces longues bandes d'horizon entre mer et ciel : dans *le Soir qui descend sur la baie* c'est une langue de terre ocre qui pointe dans les eaux; *le Cap d'Endoume* bombe sa courbe brune contre la mer bleue bordée d'une côte lointaine rose et violette; *la Vague* fume sur le bleu profond de la Méditerranée; et, dans *la Nuit qui descend sur la mer*, c'est l'harmonie luxuriante d'un orangé qui confine à des verts d'eau, à des gris dorés, à des bleus sombres. Puis vient l'enchantement du *Coucher du soleil sur la mer*, où l'astre est comme un œil noyé dans une buée rose dorée et verdissante; *la Baie des Anges*, où les rouges violacés se nuancent vers des lointains captivants ; enfin, l'apaisante lumière de *l'Effet de soir* (à Martigues) de jaunes et de bruns tachés d'un vert d'eau suave.

La gamme des accents un peu triste se développe dans la monochromie des gris aux valeurs graduées avec autant de maîtrise que de sensibilité. C'est *la Vieille tour*, aux gris très doux, à peine jaunis.

Le Clair de lune au-dessus d'un Port, avec des tons moyens très subtils et son Vapeur se profilant contre les maisons sombres, surmontées d'une éclaircie gris jaunâtre : *le Port du Havre*. où le gris du ciel est repoussé par un sol très sombre : le ciel d'ivoire sur *la Mer calme : effet du matin ;* le large accord de gris et de brun du *Lever de lune sur le canal de la Giudecca*.

Nous sommes ramenés doucement vers la couleur par *le Vieux bassin à Marseille*, où les bleus gris d'un ciel mitonné et l'eau chatoyante dégagent un paisible bien-être ; enfin, *le Port hollandais* égaye les gris de reflets verts et grenats d'agréable tranquillité.

Voici maintenant des esquisses vibrantes de contraste : *le Canal en Hollande*, animé par des bateaux aux voiles demi-ployées, lumineuses sur un ciel clair, au-dessus d'une mer aux tons chauds ; les *Petits moulins en Hollande, avec effet de lune*, qui tranchent sur un ciel fantasque, vibrant du heurt des gris doux et durs. Puis c'est le rappel d'une harmonie plus retenue et plus polie dans *le Rio Palazzo*, au ciel nacré, et *le Coin de vieilles maisons à la Turbie*, avec leur verdure si bien mariée à la patine des murs.

Et cette excursion à travers les contrastes éclatants, les modulations du coloris et les gradations de valeurs va se terminer dans la contemplation de trois chefs-d'œuvre où tous les charmes du paysage sont fondus dans la plus intime harmonie : *le Pont des Arts*, avec ses gris-bleus sombres et ses nuages denses et menaçants ; *le Pont Royal*, avec la franche et solide gaîté de ses gris-vert et ivoire. *L'Entrée du vieux port de Marseille*, aux bleus profonds, aux reflets dorés, aux briques rosées, est un vrai sourire de délicieuse aménité.

Bref, cet ensemble forme le recueil complet et épuré de tout ce que l'art de Ziem contient de sincère et de spontané. Ce choix du goût le plus sûr est le plus digne hommage rendu au grand peintre de Venise par celui qui fut le promoteur de sa carrière.

Et maintenant que ces fleurs d'art si bien groupées vont se disperser, souhaitons qu'elles soient cueillies par des hommes de goût qui, à l'exemple d'Antony Roux, comprendront la belle mission de l'amateur d'art qui est de faire épanouir les artistes et de conserver à notre pays le meilleur de leurs œuvres.

F. W.

TABLEAUX MODERNES

COROT (Camille)

1796-1875.

1 — La Plage d'Yport.

On a tiré les barques sur la plage, et, sur le sol, on a étendu les filets et les voiles. Des femmes, des pêcheurs se tiennent près de leurs bateaux, causant ou occupés à de coutumières besognes.

A droite, au fond, des falaises dessinent leur masse grise coiffée de quelque verdure.

A gauche, la mer roule ses vagues, dont la crête est bordée d'écume blanche.

Dans le ciel, de grands nuages blancs et gris cachent l'azur infini, qui n'apparaît qu'à travers quelques déchirements des brumes.

Signé en bas, à droite.

Panneau. Haut., 25 cent. 1/2 ; larg., 40 cent. 1/2.

Exposition centennale 1889, n° 170.

Collection A. Doria, 1899, n° 56 (catalogué : *Plage du Tréport*).

Consulter A. Robaut et Moreau-Nélaton : *l'Œuvre de Corot*, catalogue raisonné, t. III, n° 2052, où cette toile est intitulée : *Yport, la plage, vue prise en regardant Fécamp*.

Peint en 1872.

COROT (CAMILLE)

2 — Pêcheur au bord d'un étang.

A gauche, un massif d'arbres, qui émergent de la verdure et dont les branches, aux feuilles légères, se balancent sur l'écran d'un ciel enchanté de lumière. A droite, un autre massif d'arbres ; au milieu, une rivière qui tourne, dont la surface est, par place, hérissée de roseaux. Vers la droite, de l'autre côté de l'eau, un pêcheur debout, en gilet de toile bise et coiffé d'un bonnet rouge.

Signé à droite, en bas : *Corot.*

Toile. Haut., 43 cent. ; larg., 64 cent.

COROT (CAMILLE)

3 — La Charrette ; entrée d'Abbeville.

C'est une place, à l'entrée du village, avec de beaux arbres à droite et à gauche, et au fond, la grande rue dominée par le clocher de l'église et bordée d'une rangée de bouleaux. Cette place est occupée par quelques paysannes : l'une debout, à gauche, en camisole rose ; l'autre, à droite, vue presque de dos, et le torse penché en avant, pour enfoncer dans le sol le piquet auquel est attaché son âne. Vers le milieu, on voit passer, de dos, une charrette de charbon, tirée par un cheval.

Signé à gauche, en bas : *Corot,* et daté, à droite, en bas : *1875.*

Toile. Haut., 36 cent. 1/2 ; larg., 55 cent. 1/2.

Vente Lazare Weiller, 1901, n° 15.

COROT (CAMILLE)

4 — Le Fort Saint-Ange.

A droite, le fort Saint-Ange. En avant, le fleuve à la rive duquel quelques barques de pêcheurs sont amarrées : puis le pont de pierre, puis les constructions dominées par le dôme de Saint-Pierre.

Signé à gauche, en bas : *Corot.*

Toile. Haut., 34 cent. ; larg., 46 cent 1/2

Vente Ernest May, 1890, n° 18.

COROT (Camille)

5 — Vue de Gênes, prise du palais Doria.

Au premier plan, les arcades du palais Doria, soutenues par de fines colonnes ; puis, au fond, la vue de Gênes, avec ses embarcations et ses bateaux sur la mer bleue, et ses constructions éclatantes de soleil sous un ciel profond d'azur.

Signé à droite, en bas : *Corot.*

Toile. Haut., 29 cent. ; larg., 38 cent. 1/2.

COROT (Camille)

6 — Bords d'une rivière sous les arbres.

A gauche, la rivière coule entre des rives verdoyantes, émaillées de quelques fleurettes blanches et, autour des rives, le sol est planté de grands arbres, qui opposent au ciel lumineux l'écran de leurs frondaisons vertes. Vers la droite, deux bouleaux, au tronc légèrement penché, offrent les luisances de leur écorce à la caresse du soleil. Au pied de ces arbres, trois figures sont arrêtées, deux assises et une debout, pour une reposante causerie.

Signé en bas, à droite.

Toile. Haut., 28 cent. ; larg., 36 cent.

Voir Robaut et Moreau-Nélaton : *l'Œuvre de Corot*, catalogue raisonné, tome III, n° 1455. (Les mesures données dans cet ouvrage : 0,27 × 0,35 sont légèrement inexactes.)

Peint entre 1865-1870.

COROT (Camille)

7 — La Prairie sur la falaise.

C'est une prairie au sol herbeux, planté de quelques arbres. Deux moussières y font leur récolte matinale. A gauche, le sol se relève en une colline au flanc de laquelle s'accrochent quelques maisonnettes, coiffées de tuiles rouges. Au fond, à droite, on aperçoit la mer, sous un ciel profond où passent des nuées blondes.

Signé à droite, en bas : *Corot.*

Toile. Haut., 25 cent. ; larg., 32 cent. 1/2.

COROT (CAMILLE)

8 — Tournant de rivière.

A gauche, entre ses rives, dont l'une est boisée, et dont l'autre est formée d'une berge de sable, la rivière tourne et, dans la courbe qu'elle dessine, deux petites figures mettent leurs notes claires, tandis que des barques sont amarrées non loin d'elles. A droite, le chemin de halage se dessine devant des constructions. Et, plus haut que les constructions, au fond, on aperçoit des collines plantées de quelques arbres, sous un ciel plein de lumières dorées.

Signé à droite, en bas : *Corot.*

Toile. Haut., 25 cent.; larg., 36 cent.

COROT (CAMILLE)

9 — Mothois (Oise), près Gournay-en-Bray).

Un de ces coins d'Oise que le peintre a délicieusement interprétés. Sur la rivière, un pêcheur en blouse bleue et chapeau de paille manœuvre sa barque. Les bords de l'eau sont plantés de grands arbres, et c'est de véritables bouquets de verdure qu'émerge le moulin, dont le toit est fait de tuiles rouges et dont les murs en torchis reçoivent du ciel clair une vive lumière.

Signé en bas, à gauche : *Corot.*

Panneau. Haut., 51 cent. 1/2 ; larg., 32 cent.

Collection de Nevers.
Collection Tilliet, 1895.

Dans *l'Œuvre de Corot*, par Robaut et Moreau-Nélaton, cette œuvre est désignée: *Mothois (Oise), près Gournay-en-Bray.* Pêcheur en bateau sur une rivière ombragée, aux abords d'un moulin, t. III, nº 1419.

Cette étude fut peinte aux environs de la propriété de M. de Nevers.

Peint entre 1855 et 1870.

COROT (Camille)

10 — Un Coin d'étang, à Ville-d'Avray.

C'est le matin, au bord de l'étang de Ville-d'Avray; une paysanne, à gauche, s'est assise, ayant en face d'elle, de l'autre côté de l'étang, des maisons blanches à la toiture de tuiles rouges. A droite, au-dessus de l'eau, un arbre penche ses branches dépouillées, comme s'il voulait se mirer dans l'eau frissonnante, toute pleine des clairs reflets qui tombent du ciel.

Signé en bas, à gauche : *Corot.*

Toile. Haut., 233 millim.; larg., 330 millim.

Collection Berthelier, 1889, n° 25.

Voir Robaut et Moreau-Nélaton : *l'Œuvre de Corot*, catalogue raisonné, t. III, n° 1444 (où cette œuvre a pour mesures 22×31).

Peint entre 1865-1870.

COROT (Camille)

11 — Méditation.

Dans la campagne romaine, au flanc d'un pli de terrain planté de grands arbres, le moine s'est assis, sa capuche rabattue sur la tête; vu de trois-quarts, à droite, accoudé sur la main gauche, il médite profondément; son visage apparaît plein d'accent, dans la broussaille de sa barbe châtain fauve.

Signé à gauche, en bas.

Toile. Haut., 350 millim.; larg , 268 millim.

Consulter A. Robaut et Moreau-Nélaton : *l'Œuvre de Corot*, catalogue raisonné, t. II, n° 388 : « Moine assis, accoudé sur le bras gauche. »

Peint entre 1840 et 1845.

COROT (CAMILLE)

12 — Roses dans un verre.

Sur une table, près d'un mur gris, quelques roses rouges, roses et grenat dans un verre. A gauche, un petit couvercle de cafetière en terre.

Signé à gauche, en bas : *Corot*, et daté, à droite : *Juin 1874*.

Toile. Haut., 32 cent. 1/2 ; larg., 24 cent. 1/2.

Collection Berthelier, 1889, n° 29.
Gravé à l'eau-forte par TAÏÉE.
Voir *l'Œuvre de Corot*, par Robaut et Moreau-Nélaton, n° 2154.
Peint en juin 1874, à Coubron.

COROT (CAMILLE)

13 — Saint-Nicolas-les-Arras.

A droite, l'étang. A gauche, un chemin qui longe le bord de l'eau et en est séparé par une berge verdoyante : puis, à côté du chemin, quelques maisonnettes coiffées de tuiles : puis, au fond, une indication de bois.

Des arbres sont indiqués d'un coup de crayon sur l'écran d'un ciel gris, largement ennuagé.

Signé à gauche, en bas : *Corot*.

Toile. Haut., 24 cent.; larg., 23 cent.

Vente Robaut, 1907, n° 24.

DELACROIX (EUGÈNE)

1798-1863.

14 — Marocain et son cheval.

En avant du campement, un Marocain va harnacher son cheval qui piaffe, agacé par les aboiements d'un chien-loup. Le cheval, bai-cerise, est vu de trois-quarts à gauche et de tête. L'homme, vêtu de bleu, porte sa haute selle, garnie de velours rouge. Au premier plan, à gauche, près d'une tente, quelques natures mortes jetées sur le sol. Plus loin, du même côté, d'autres tentes. Au fond, à droite, un Marocain, vu de dos, en selle sur un cheval gris et causant avec un homme à pied. Le paysage est montagneux, sous un ciel dont les nuages annoncent un orage prochain.

Signé au milieu, en bas : *1857, Eug. Delacroix.*

Toile. Haut., 50 cent.; larg., 60 cent. 1/2.

Vente A. (mars 1859).
Collection Soultzener.
Voir Robaut : Catalogue des *Œuvres de Delacroix*, n° 1317.

DIAZ (NARCISSE-VIRGILE DE LA PENA)

1807-1876.

15 — Roses et Pivoines.

Sur une table vernie, où la lumière fait jouer des reflets, on a disposé une gerbe de fleurs aux tons variés et éclatants, pivoines, roses, pervenches, giroflées, etc.

Signé à droite, en bas : *N. Diaz.*

Toile. Haut., 48 cent.; larg., 41 cent.

DIAZ (NARCISSE-VIRGILE DE LA PENA)

16 — La Jeune Fille aux fleurs.

Au fond d'un bois, au bas d'un pli de terrain, la jeune fille blonde s'est assise : de la main gauche, elle cueille une fleur, qu'elle joindra à celles que sa main droite retient sur son genou. Cette jeune fille est vêtue d'un costume blanc-gris, sur lequel, discrètement, chante une légère écharpe rose pâle.

Signé à gauche, en bas : *N. Diaz de la Pena.*

Panneau. Haut., 28 cent.; larg., 22 cent.

ÉCOLE FRANÇAISE

XIXe siècle.

17 — Le Colisée à Rome.

Toile. Haut., 71 cent.; larg., 95 cent.

FROMENTIN (EUGÈNE)

1820-1876.

18 — Le Vautour.

Dans le désert, l'oiseau de proie vient de descendre, en planant, au bord d'une flaque d'eau, et il guette une proie. Il dessine la large envergure de ses ailes sur l'écran d'un ciel nuageux, tragiquement.

A droite, en bas, le timbre de la vente.

Toile. Haut., 87 cent.; larg., 1 m. 08 cent. 1/2

LÉPINE (Stanislas)

1835-1892.

19 — Paris, vu des hauteurs de Montmartre.

Sur la Butte, du côté de la rue Lamarck, une vue de Paris, avec des constructions qui s'étagent aux flancs de la butte. Au premier plan, à droite, quelques figures sont arrêtées et causent.

Toile. Haut., 42 cent.; larg., 66 cent. 1/2.

MEISSONIER (Ernest)

1815-1891.

20 — Étude de dragon en selle.

De profil, à droite, allumant sa pipe.
Signé à gauche, en haut, du monogramme : *E. M.*

Panneau. Haut., 15 cent.; larg., 11 cent.

Vente Messonier, 1892.

MEISSONIER (Ernest)

21 — Étude de cavalier.

En habit rouge, buvant.

Panneau. Haut., 14 cent. 1/2; larg., 11 cent. 1/2.

Vente Messonier, 1892.

MOREAU (Gustave)

1826-1898.

22 — Moïse exposé.

Au premier plan, à gauche, dans une bercelonnette qui flotte sur l'eau, l'enfant prédestiné est exposé nu, couché sur le dos et endormi : son front est marqué de deux rayons de lumière. Autour de lui, des roseaux se dressent, ainsi que des fleurs vives, magnifiquement épanouies. Des oiseaux, aux ailes rouges et blanches, viennent voltiger auprès de lui. Et, plus loin, dominant la chétive créature de leurs masses qui résistent aux siècles, les monuments apparaissent des civilisations mortes, prestigieuse évocation, dans la lumière, de l'histoire des Pharaons.

Signé à gauche en bas : *Gustave Moreau.*

Toile. Haut., 1 m. 83; larg., 1 m. 36 cent. 1/2.

Acheté à l'artiste.

Exposition Universelle de 1878.

MOREAU (Gustave)

23 — Oreste et les Érynnies.

Il s'est écroulé sur une marche de marbre. Il est vu, la tête de trois-quarts, le corps à moitié nu, portant derrière l'épaule droite son bouclier et tenant de sa main droite, le bras tendu, son glaive teint encore du sang de Clytemnestre et d'Eghiste. Derrière lui, les trois Erynnies apparaissent sur une sorte d'autel. L'une, les mains croisées sur la poitrine, semble recueillie, tandis que ses deux compagnes, le regard torve, ont dans les cheveux des serpents, par où s'extériorisent leur âme de haine. Leurs têtes sont rayonnantes de pourpre. Autour d'elles et d'Oreste, le temple offre une architecture monumentale avec, sur des socles, de symboliques orfèvreries.

Signé à droite, en bas : *Gustave Moreau.*

Toile. Haut., 1 m. 77; larg., 1 m. 23.

Acheté à l'artiste.

MOREAU (Gustave)

24 — L'Égalité devant la Mort.

A gauche, debout, le jeune voyageur, son bâton à la main, la tête penchée en avant. Au milieu, sur la terrasse d'une grotte, où les victimes continuent de s'entasser, lamentables et pantelantes, le Sphinx, aux griffes de lion, à la poitrine de femme, aux grandes ailes d'archange, jette sur le nouveau venu, en qui il espère une proie nouvelle, un regard chargé de fureur. A droite, au fond, un paysage de mer aux bords escarpés.

Signé à gauche, en bas : *Gustave Moreau.*

Toile. Haut., 1 m. 25 ; larg., 95 cent.

Acheté à l'artiste.

MOREAU (Gustave)

25 — L'Apparition.

Salomé, debout, danse devant le roi maussade, et, tandis que sa chair jeune vibre sous l'étincellement du métal et des gemmes, et sous la grâce souple des écharpes, voici que la tête de Jean apparaît comme un remords lumineux qui pleurerait du sang.

Signé à droite, en bas : *Gustave Moreau.*

Toile. Haut., 32 cent. 1/2 ; larg., 22 cent. 1/2.

Acheté à l'artiste.
Exposition Gustave Moreau. (Paris, 1906, n° 116.)

MOREAU (Gustave)

26 — La Fiancée de la Nuit ou le Cantique des Cantiques.

Debout sur les degrés de pierre, elle se tient de face, dans la majesté de son costume d'impératrice, enrichi de pierreries, d'or et de gemmes étincelants. Elle porte de la main droite, à demi-levée, une branche de fleurs. Derrière elle, il y a dans le ciel des nuées tragiques.

Signé en bas : *Gustave Moreau.*

Panneau. Haut., 35 cent. 1/2 ; larg., 27 cent. 1/2.

Acheté à l'artiste.

MOREAU (Gustave)

27 — Hercule et l'Hydre.

Dans le site désolé où le caprice des dieux fait surgir le monstre aux têtes multiples, Hercule, à droite, la tête de profil à gauche, s'élance, sa massue à la main.

Signé à droite, en bas : *Gustave Moreau.*

Haut., 32 cent. ; larg., 40 cent.

Acheté à l'artiste.
Exposition Gustave Moreau. (Paris, 1906, n° 114.)

MOREAU (Gustave)

28 — Femme à son lever.

Le soleil flamboie derrière les vitres et met, à travers les rideaux, des clartés diaprées sur les tentures : et la jeune femme, debout, surgit de sa couche, nue insolemment, et levant ses bras, la main droite portée en arrière.

Signé à gauche, en bas : *Gustave Moreau.*

Toile. Haut., 24 cent. 1/2; larg., 16 cent. 1/2.

Acheté à l'artiste.
Exposition Gustave Moreau. (Paris, 1906, n° 121.)

MOREAU (Gustave)

29 — Femme persane à sa toilette.

Elle est assise sur le bras d'un siège ; elle est vue de trois-quarts à droite, le pied droit posant sur le sol, la jambe gauche relevée sur une marche. Elle est nue ; seuls, deux riches joyaux parent sa nudité. Debout, près d'elle, une suivante, âgée, vêtue de rouge, est occupée à lui peindre les yeux.

Derrière la femme nue, un phénix lisse ses plumes de son bec acéré. Les figures se dessinent sur un fond de tenture jaune. A droite, au premier plan, on aperçoit des ciseaux déposés sur un lit de repos.

Signé à gauche, en bas : *Gustave Moreau.*

Panneau. Haut., 18 cent.; larg., 12 cent.

Acheté à l'artiste.
Exposition Gustave Moreau. (Paris, 1906, n° 122.)

MOREAU (Gustave)

30 — Persée et Andromède.

Andromède est suspendue, prisonnière sur la roche, et, devant elle, le monstre la garde, rugissant. Elle est belle et pudique en sa nudité dont l'éclat éburnéen chante sur la matité d'une étoffe grenat, et son visage penché, dans ce décor tragique, semble une fleur de désolante mélancolie. Mais, voici que du fond des nues, s'élance le chevalier libérateur, armé de la lance. A gauche, on aperçoit le ciel bleu profond, avec quelques nuées fauves.

Signé à gauche, en bas : *Gustave Moreau.*

Toile. Haut., 27 cent. ; larg., 21 cent.

Derrière, on lit cette inscription de la main du maître : *Gustave Moreau, don pour la vente Andrieux, 10 Mai 1881.*

Exposition Gustave Moreau. (Paris, 1906, n° 117.)

MOREAU (Gustave)

31 — Madeleine en prière.

Au bord d'un lac ceinturé de roches, et en avant d'une grotte, Madeleine est accroupie sur les genoux, le torse nu, les jambes enveloppées de draperies jaunes. Sa longue chevelure blonde ondule en tresses souples jusqu'à terre. La sainte, les mains jointes, lève ses yeux pleins de foi vers une croix rustique plantée devant elle. Au pied de la croix se trouve une cruche de grès. Dans le ciel, il y a des clartés fauves et des nuées blanches au devant de l'azur.

Signé à gauche, en bas : *Gustave Moreau.*

Panneau. Haut., 15 cent. 1/2 ; larg., 18 cent.

Acheté à l'artiste.

Exposition Gustave Moreau. (Paris, 1906, n° 120.)

MOREAU (Gustave)

32 — Le Christ dans le Jardin des Oliviers.

C'est la dernière heure de la dernière nuit. Jésus, agenouillé au pied d'un olivier, la tête entourée de lumière, bénit deux anges agenouillés eux-mêmes devant lui et qui sont venus saluer la divinité que lui crée le sacrifice, au nom du Père. Et, dans cette nuit de recueillement, le ciel est demeuré bleu comme s'il s'éclairait d'éternité. A gauche, au fond, dans la vallée, et suivant le chemin qui mène au Mont des Oliviers, on aperçoit la milice qui s'avance, conduite par Judas et guidant sa marche à la lueur fauve des torches.

Signé à gauche, en bas : *Gustave Moreau.*

Panneau. Haut., 23 cent. 1/2; larg., 17 cent. 1/2.

Acheté à l'artiste.

Exposition Gustave Moreau. Paris, 1906, n° 112.

MOREAU (Gustave)

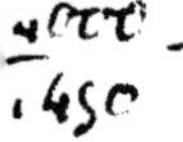

33 — Orphée charmant les fauves.

La nuit, lentement, est descendue sur la plaine, une nuit tragique ; et Orphée, éploré, chante en s'accompagnant sur sa lyre. Il va, la tête levée, et ses yeux inspirés n'ont pas vu, là-bas, dans l'ombre, près d'un bouquet d'arbres grêles, des formes se mouvoir. Ce sont les fauves qui rôdaient dans les ténèbres, en quête d'une proie, et que le chant désespéré du poète ont attiré en ce lieu triste ; l'un d'eux, même, s'est glissé derrière Orphée, et. le corps félinement tendu, écoute..., cependant que l'hymne, dans le calme de ce paysage désolé, continue de s'élever vers le ciel aux nuées argentées par la lune.

Signé vers la droite, en bas : *Gustave Moreau.*

Panneau. Haut., 27 cent.; larg., 21 cent. 1/2.

Exposition Gustave Moreau. (Paris, 1906, n° 119.)

MOREAU (GUSTAVE)

34 — Les Anges messagers.

Les deux anges aux grandes ailes descendent des profondeurs du ciel; ils approchent de la terre, dont on aperçoit les vallonnements gigantesques, et ils laissent derrière eux des nuées qui forment, au soleil qui se lève, un décor de tragique splendeur.

Signé à droite, en bas : *Gustave Moreau.*

Haut., 25 cent. 1/2; larg., 18 cent.

Acheté à l'artiste.

Exposition Gustave Moreau. (Paris, 1906, nº 118.)

MOREAU (GUSTAVE)

35 — Promenade.

A l'entrée d'un bois, dans la campagne verte, des dames en toilettes bleue, jaune et noire, sont debout et causent avec un homme jeune en veste blanche et culotte bleue foncée, monté sur un cheval bai-brun. Près de ce cavalier se trouve un autre cheval que va monter un jeune garçon vêtu de blanc.

Sur le ciel gris clair, se découpe le majestueux décor des arbres aux frondaisons estivales.

Signé à droite, en bas : *Gustave Moreau, 1850.*

Toile. Haut., 33 cent.; larg., 24 cent. 1/2.

Acheté à l'artiste.

RICARD (GUSTAVE)

1823-1872.

36 — Tête de jeune femme.

Elle est blonde, elle est rose. Il y a de la tendresse sur sa bouche aux lèvres disjointes et du rêve plein ses yeux bleus. Elle est vue de face, le cou découvert, une draperie bleu paon chiffonnée avec de la mousseline, derrière l'épaule droite.

Signé au-dessus de l'épaule gauche : *G. R.*

Panneau de forme octogonale. Haut., 52 cent. 1/2; larg., 42 cent.

RICARD (GUSTAVE)

37 — Nature morte.

Sur une table, une bouillotte en cuivre étamé près de laquelle on aperçoit une pêche.

Signé à gauche, en bas : *Ricard.*

Panneau. Haut., 33 cent. ; larg., 24 cent. 1/2.

Sur le panneau, derrière, en faisant jouer une tirette, on trouve un croquis au crayon et cette dédicace : *Offert à mon ami le Dr Roth et pouvant lui servir d'enseigne pour sa profession. — G. Ricard, 1er septembre 1854.*

ROUSSEAU (THÉODORE)

1812-1867.

38 — Le Mont Blanc, vu de la Faucille; effet d'orage.

Des cimes, des mouvements de vallées, des roches dénudées, puis de la neige, et, dans le bas de la vallée, sous un ciel aux nuées tragiques, de l'eau, en nappes argentées, empruntant des reflets au ciel plein de colère.

Toile. Haut., 1 m. 46; larg., 2 m. 40.

ROUSSEAU (THÉODORE)

39 — Dernières Maisons de Port-en-Bessin (Calvados)

Dans la campagne, au sol calme, où les diverses cultures varient l'aspect du pittoresque, les maisons du village, aux toits de chaume, sont massées dans un creux et, sous la grande lumière qui tombe du ciel gris, elles semblent comme accroupies sur leurs assises de meulières. Au premier plan, la terre n'a qu'une humble parure de broussaille. Au fond, on aperçoit le plus gros du village.

Toile. Haut., 30 cent. ; larg., 43 cent.

Peint en 1831.

ROUSSEAU (Théodore)

40 — La Jetée et le port de Granville.

A gauche, dans le bassin du port où l'eau commence à monter, les bateaux de pêche sont alignés, leurs coques à peine soutenues par l'eau basse. A droite, au flanc de la colline, les maisons sont entassées, toits pointus, aux tuiles bousculées par le vent. Au fond, la mer sous un ciel doré.

Signé à droite, en bas : *Th. R.*

Panneau. Haut., 17 cent. 1/2; larg., 43 cent.

Peint en 1831.

ROUSSEAU (Théodore)

41 — Le Passage du gué.

Le troupeau de vaches est en train de passer le gué, au milieu. A droite, à gauche et au milieu, quelques massifs de beaux arbres dont les frondaisons s'épanouissent sous un ciel gris.

Esquisse.

Toile. Haut., 97 cent.; larg., 1 m. 55.

ROUSSEAU (Théodore)

42 — Clairière dans la forêt.

A gauche, deux massifs d'arbres. A droite, quelques flaques d'eau parmi le sol dénudé, puis une rivière; puis, de l'autre côté de la rivière, un petit bois.

Esquisse.

Haut., 80 cent. 1/2; larg., 1 m. 22.

STEVENS (Alfred)

1828-1906.

43 — Illusion perdue.

Près d'un bureau en marqueterie de style Louis XV, une jeune femme blonde se tient debout. Dans le bureau ouvert, il y a des lettres, des rubans, des souvenirs, tous les signes sentimentaux d'une tendresse passée. Et la jeune femme, à qui ces lettres et ces souvenirs viennent de révéler une trahison insoupçonnée, la jeune femme demeure accablée, les yeux ouverts sur un passé qui s'efface, la main droite tenant un mouchoir, crispé près du cœur, la main gauche soutenant le coude droit.

Cette jeune femme est vêtue d'une robe de velours vert et d'un cachemire plié en pointes; elle est coiffée, sur ses cheveux blonds, d'une petite capote marron, à brides. Elle a laissé tomber des gants de Suède beige sur le tapis jaune à fleurettes rouges. Derrière elle, se trouve un fauteuil de bureau en bois doré, de style Louis XVI, garni de moleskine à capitons. Sur le haut du bureau, on aperçoit le lion assis de Barye, flanqué, à gauche, d'une sacoche en cuir de Russie rouge; à droite, d'une boîte de cigares.

La tête de la jeune femme, de trois-quarts à gauche, se détache sur un fond de tenture verdâtre.

Signé à gauche, en bas : *Alfred Stevens.*

Panneau. Haut., 74 cent.; larg., 54 cent.

STEVENS (Alfred)

44 — En visite.

Dans un salon somptueux, aux murs duquel sont suspendus de nombreux tableaux, trois jeunes femmes en costumes de soirée, sont réunies. L'une, brune, en robe bleu clair et rose pâle, jouant d'un éventail qu'elle tient de la main droite, est assise, accoudée sur un canapé rouge, à côté d'une jeune femme blonde, vêtue d'une toilette noire à broderie d'or. Celle-ci parle avec un sourire aimable; sa compagne l'écoute, ainsi qu'une jeune fille debout, en robe blanche. vue de profil à gauche et les deux mains appuyées au marbre d'un guéridon aux pieds de bois sculpté et doré, sur lequel on a placé une corbeille de fleurs. A droite, derrière la jeune fille en blanc, se trouve une vitrine contre le mur. Sur le parquet, un tapis d'Orient est étendu.

Signé à gauche, en bas : *A. Stevens, 1880.*

Peinture sur verre. Haut., 87 cent.; larg., 1 m. 15.

STEVENS (Alfred)

45 — Cache-Cache.

Debout contre un battant de porte qu'elle tient ouverte, une jeune femme, en costume lilas clair, se cache et attend la venue d'un petit chien qu'on aperçoit dans la pièce voisine, assis sur son arrière-train, près d'un fauteuil rouge, et parfaitement indifférent au jeu que lui offre sa maîtresse. La pièce où se trouve la jeune femme a un décor chinois, avec, à gauche, un meuble d'encoignure en laque, dont le marbre porte des porcelaines et des bronzes d'Extrême-Orient. La jeune femme, qui est blonde et qui sourit béatement, a laissé tomber sur le parquet ciré un gant blanc, l'autre étant passé dans la main droite. La pièce où se trouve le chien est vivement éclairée à droite.

Signé à droite, en bas : *Alfred Stevens.*

Panneau. Haut., 73 cent. 1/2 ; larg.. 52 cent.

STEVENS (Alfred)

46 — Au large du Tréport.

Signé à gauche, en bas : *A. Stevens.*

Au dos, on lit cette indication : *Le Tréport, octobre 1910.*

Panneau. Haut., 27 cent. ; larg., 35 cent.

Acheté à l'artiste.

STEVENS (Alfred)

47 — Cap Martin, près Monte-Carlo.

Signé à gauche, en bas, du monogramme : *A. S*

Toile. Haut., 25 cent.; larg., 32 cent.

Acheté à l'artiste.

VOLLON (Antoine)

1833-1900.

48 — Le Pont des Arts et l'Institut.

Au premier plan, la Seine avec ses chalands que traînent des remorqueurs. A droite, au fond, l'Institut. A gauche, le pont des Arts, dominé par le massif des constructions de la Cité. Au-devant du ciel bleu, il y a de transparentes nuées.

Signé à gauche, en bas : *A. Vollon.*

Panneau. Haut., 45 cent. 1/2 ; larg., 37 cent. 1/2.

VOLLON (Antoine)

49 — L'Hiver au bas de la Butte.

Ce sont les vieilles maisons dont les murs paraissent plus noirs et plus maculés sous leur vêture de neige. Dans le ciel, des nuages gris.

Signé à gauche, en bas : *A. Vollon.*

Panneau. Haut., 45 cent.; larg., 68 cent.

VOLLON (Antoine)

50 — Vieux Bassin de Honfleur.

Au premier plan, à gauche, des bateaux de pêche sont amarrés et leurs mâts se dressent sur le fond sombre des constructions de la ville, lesquelles se silhouettent dans la lumière d'un ciel d'été.

Signé à droite, en bas : *A. Vollon, 1876.*

Toile. Haut., 46 cent.; larg., 53 cent.

VOLLON (Antoine)

51 — Le Pêcheur.

C'est un homme, jeune encore, que le hâle de la mer a brûlé. Son visage, aux traits saillants, apparaît de profil, encadré de sa barbe et de ses cheveux noirs. Il est vu de profil, à gauche, jusqu'à mi-corps, le torse moulé dans un chandail brun; il porte à deux mains une bassine de cuivre.

Signé à gauche, en haut : *A. Vollon.*

Toile. Haut., 79 cent.; larg., 62 cent.

ZIEM (Félix)

1821-1911.

52 — Le Canal de la Giudecca; lever de lune.

L'heure grise. A gauche, les bateaux sont amarrés près de la berge et les pêcheurs vaquent à leurs affaires. A droite, de l'autre côté du canal de la Giudecca, on aperçoit le dôme de Santa Maria della Salute. Le ciel est lumineux derrière des nuées grises.

Signé à gauche, en bas : *Ziem.*

Panneau. Haut., 15 cent.; larg., 21 cent.

Acheté à l'artiste.

ZIEM (Félix)

53 — Moulins au bord de l'Escaut.

C'est le soir. Le ciel est comme ambré de clartés blondes, mais les arbres semblent mordorés dans cette ambiance attendrie. Au bord de l'eau, qui coule pleine de reflets, deux moulins dressent leurs formes trapues. Au premier plan, un homme se trouve dans une barque qui demeure attachée à la rive. Au-devant du ciel, de grandes nuées flottent, transparentes et vagues.

Signé à gauche, en bas : *Ziem, à son ami Antoni Roux.*

Toile. Haut., 60 cent. ; larg., 92 cent. 1/2.

ZIEM (Félix)

54 — Le Bucentaure.

C'est le matin de la fête : le *Bucentaure* va sortir pour le mariage de Venise avec l'Adriatique. La belle frégate, dorée et pavoisée, est au bord du quai et de nombreux personnages se hâtent vers elle. A gauche, sur le canal, quelques gondoles. Le ciel d'azur apparaît derrière la gaze légère des nuées blanches et promet une belle journée.

Signé à droite, en bas : *Ziem.*

Haut., 19 cent ; larg., 31 cent 1/2.

Acheté à l'artiste.

ZIEM (Félix)

55 — L'Entrée du vieux port de Marseille.

Au premier plan, l'eau bleue clapotante, comme émaillée, et dans laquelle semblent s'enfoncer les reflets du ciel d'azur tendre, au-devant duquel voltigent des nuées légères. Au second plan, à droite et à gauche, les constructions qui reçoivent en partie la lumière sur leurs vieilles pierres et leurs briques roses battues par le mistral. Au milieu, dans le port, des vaisseaux et des bateaux à l'ancre, qui dressent, aux regards du spectateur, comme une forêt de mâts et de cordages, parmi lesquels, de place en place, chante la couleur vive des pavillons.

Signé à gauche, en bas : *Ziem.*

Toile. Haut., 25 cent. ; larg., 37 cent. 1/2.

Acheté à l'artiste.

ZIEM (Félix)

56 — Embouchure de la Meuse.

A gauche, les bateaux de pêche, aux grandes voiles, sont à l'ancre. Une barque, manœuvrée par deux hommes, s'approche de l'un d'eux. A droite, balancés sur la nappe d'eau frissonnante, d'autres voiliers sont à l'ancre également; puis, très loin à l'horizon, on aperçoit la rive et des silhouettes de constructions. Le ciel est très clair, avec de belles chevauchées de nuées, ourlées de lumière.

Signé à gauche, en bas : *Ziem.*

Panneau. Haut., 53 cent. 1/2; larg., 74 cent. 1/2.

Acheté à l'artiste.

ZIEM (Félix)

57 — Venise. San Simeone in Piccolo.

A gauche, une gondole est amarrée au bord du canal, dessinant sa tache noire et rouge sur le fond des palais qui s'alignent le long d'un autre canal. A droite et au fond, et vue par le côté, San Simeone in Piccolo dresse son dôme, qui semble coiffé de vert antique, sous un ciel d'azur profond, tandis que les constructions qui l'entourent reçoivent, sur leurs murs de briques, une vive caresse de lumière. Au milieu, traversant l'eau, à la surface de laquelle le soleil se plaît à remuer des gemmes étincelantes, une gondole passe, dans laquelle est assise une femme, les épaules et la tête enveloppées d'un châle jaune.

Signé à gauche, en bas : *Ziem.*

Panneau. Haut., 59 cent.; larg., 73 cent.

Acheté à l'artiste.

ZIEM (Félix)

58 — Le Pont Royal.

Un coin de Paris dont l'aspect a profondément changé depuis un demi-siècle : c'est le coin du quai des Tuileries où Corot s'essayait à peindre le paysage en 1820. La Seine coule entre ses deux rives et on y voit des barques et des bateaux avec des voiles dont la forme s'est perdue. Au fond, la ligne du pont éclairée par le soleil et dominée par la silhouette de Notre-Dame et le dôme de l'Institut. A gauche, le pavillon des Tuileries, tel qu'il existait avant l'incendie. Dans le ciel, s'envolent de belles nuées grises au-devant de l'azur.

Signé à droite, en bas : *Ziem.*

Panneau. Haut., 23 cent. 1/2 ; larg., 36 cent. 1/2.

Acheté à l'artiste.

ZIEM (Félix)

59 — Le Rio di Palazzo.

De chaque côté du canal étroit s'élèvent des constructions sur les briques desquelles, à droite, la lumière vient papillonner, tandis qu'à gauche des branches feuillues semblent un bouquet surgi dans de la pierre. Au milieu du canal, dont l'eau frissonne pleine de reflets bleus, passe une gondole qu'un homme manœuvre d'un geste calme. Au fond, sous la grande lumière du ciel immense, profond, plein des clameurs du soleil, on aperçoit, de l'autre côté de la Giudecca, dominant les constructions, le dôme de San Giorgio Maggiore.

Signé à gauche, en bas : *Ziem.*

Toile. Haut., 39 cent.; larg., 27 cent.

Acheté à l'artiste.

ZIEM (Félix)

60 — Le Soir sur les étangs, aux Martigues.

Le mistral souffle; l'eau, d'un bleu profond, est toute agitée et les vagues multiples se brodent d'écume. Les tartanes balancent leurs grandes voiles à demi carguées. A droite, des pêcheurs se tiennent dans leurs barques amarrées. Au fond, au-dessus de la terre sombre, le ciel est tout illuminé des feux du soleil couchant.

Signé à gauche, en bas : *Ziem.*

Peinture sur carton. Haut., 31 cent.; larg., 50 cent.

Acheté à l'artiste.

ZIEM (Félix)

61 — Tartane aux Martigues.

C'est là un des coins de Provence que Ziem s'est plu à représenter plusieurs fois. Au premier plan, une eau frissonnante toute pleine de reflets du ciel clair, d'azur grisé; puis, au bord de l'eau, des maisons, au torchis blanc, qui s'offrent à la lumière vive et dont la toiture est accentuée de tuiles rouges. A gauche, des tartanes amarrées à la rive et dont les voiles sont roulées autour des mâts.

Signé à gauche : *Ziem.*

Panneau. Haut., 15 cent.; larg., 26 cent.

Acheté à l'artiste.

ZIEM (Félix)

62 — Un Coin de vieilles maisons à la Turbie.

C'est la vieille construction qui se trouve derrière les ruines de la forteresse ; des murs que la lumière caresse, tandis qu'une ouverture en ogive se creuse et fait une ombre transparente au-dessus d'une fontaine. Le long des murs crevassés, grimpent des herbes parasites. Dans le ciel, passent de grandes nuées.

Signé à gauche, en bas : *Ziem.*

Peinture sur carton. Haut., 34 cent.; larg., 25 cent.

Acheté à l'artiste.

ZIEM (Félix)

63 — Gros Nuage à Saint-Érasme.

L'eau est secouée de lourdes vagues qui viennent s'épuiser au bord de la mer. Sur la ligne d'horizon, à l'endroit où le ciel semble poser sur l'eau, une grande lumière apparaît et, autour d'elle, dans l'infini, c'est la brusque chevauchée des nuées furieuses.

Signé à gauche, en bas : *Ziem.*

Panneau. Haut., 18 cent. 1/2; larg., 30 cent.

Acheté à l'artiste.

ZIEM (Félix)

64 — Vieilles Maisons aux Martigues.

A gauche, les deux constructions aux murs blancs qui prennent la lumière vive, et aux toitures de tuiles rouges. Autour de leur pied, l'eau fait clapoter les reflets qu'elle emprunte aux choses et au ciel magnifiquement azuré. Au fond, à droite, on aperçoit la ligne des bords au sol valonné. Quelques tartanes se balancent à la surface de l'eau. Au-devant du ciel, il y a de très légères nuées.

Signé à droite, en bas : *Ziem.*

Panneau. Haut., 24 cent. 1/2 ; larg., 39 cent.

Acheté à l'artiste.

ZIEM (Félix)

65 — Barques de pêche aux Martigues.

Les barques ont été tirées sur le sol, et leurs coques se trouvent penchées, notes sombres parmi les pierres et les varechs sombres. Au fond, la mer apparaît d'un bleu profond, venant battre la plage d'un flot calme et légèrement brodé d'écume. Dans le ciel, de grandes stries lumineuses blondes au-devant de l'azur.

Signé à gauche, en bas : *Ziem.*

Toile. Haut., 20 cent. 1/2 ; larg., 36 cent. 1/2.

Acheté à l'artiste.

ZIEM (Félix)

66 — Canal en Hollande.

L'eau coule pleine des reflets bleus qui tombent du ciel. Au milieu, les sloops de pêche sont à l'ancre. A droite et à gauche, le long des quais, on aperçoit des constructions dont les murs s'illuminent sous la lumière. Il y a comme de la joie dans le ciel profond et clair.

Signé à droite, en bas : *Ziem*.

Peinture sur carton. Haut., 23 cent. ; larg., 26 cent.

Acheté à l'artiste.

ZIEM (Félix)

67 — Le Cap d'Endoume.

La mer est bleue. Le rivage et le ciel se confondent dans les tons roses du crépuscule ; à droite, la côte jette une tache d'un brun sombre : à gauche, une barque se profile devant une langue de terre sur laquelle se brise l'écume du flot.

Signé à gauche, en bas : *Ziem*.

Panneau. Haut., 18 cent. ; larg., 30 cent.

Acheté à l'artiste.

ZIEM (Félix)

68 — Le Soir descend sur la baie.

La mer est bleue. La côte, à droite, se dore, et, au fond, sur l'épaule des collines, le ciel fait peser ses profondeurs blondes, encore lumineuses.

Signé à gauche, en bas : *Ziem*.

Panneau. Haut., 12 cent. ; larg., 32 cent.

Acheté à l'artiste.

ZIEM (Félix)

69 — **Mer calme; effet du matin.**

Un ciel immense avec, dans l'ouate des nuées, de beaux éclatements de lumière et, sous le ciel, la mer calme, doucement bleue, avec des reflets papillonnants et quelques barques qui se balancent à sa surface.

Signé à l'encre, à droite, en bas : *Ziem.*

Panneau. Haut., 23 cent.; larg., 32 cent. 1/2.

Acheté à l'artiste.

ZIEM (Félix)

70 — **A Martigues; effet du soir.**

Le soir descend; le ciel s'emplit de clartés soufrées qui passent comme des gazes d'ambre devant l'écran du ciel d'azur chaud.

Mais le sol, au premier plan, est déjà plein d'ombre, et, sur l'eau remuée, une barque, à droite, balance sa grande voile, qui a une envergure d'aile.

Signé à gauche, en bas : *Ziem.*

Sur le dos du panneau, on remarque un crayonnage donnant une indication de cadre, comme Ziem aimait à en chercher le profil.

Panneau. Haut., 16 cent 1/2 ; larg., 30 cent.

Acheté à l'artiste.

ZIEM (Félix)

71 — **La Baie des Anges, vue de la montagne;**
1800 **effet de crépuscule.**

Au premier plan, le sol qui dévale en pentes douces ; puis, à droite, un bouquet d'arbres aux frondaisons mordorées. Au fond, la Baie des Anges qui s'arrondit dans sa ceinture de collines et semble un bijou de lapis-lazzuli, sous le ciel embrasé des feux du soleil couchant, à l'heure où les nuées et les choses semblent des vapeurs dorées, légères, transparentes, infinies.

Signé à droite, en bas : *Ziem.*

Panneau. Haut., 16 cent.; larg., 30 cent.

Acheté à l'artiste.

ZIEM (Félix)

72 — Voilier en vue de Stamboul ; effet du soir.

A l'embouchure du fleuve, un bateau à voile se trouve au large, dessinant sa silhouette en ombre sur le fond d'un ciel plein des fanfares du soleil. Autour de ce voilier passent des caïques chargés de voyageurs. Au fond, à droite, on aperçoit, en silhouette, Sainte-Sophie et les mosquées de Constantinople.

Signé à droite, en bas : *Ziem.*

Panneau. Haut., 20 cent. 1/2 ; larg., 32 cent.

Acheté à l'artiste.

ZIEM (Félix)

73 — Clair de lune au-dessus du port.

Le long du quai, les bateaux sont à l'ancre. Derrière leur mâture, on aperçoit, dans l'ombre, les constructions qui s'alignent sur le quai. Dans le ciel, de grands nuages lumineux, dont les reflets viennent flotter à la surface de l'eau.

Signé à droite, en bas : *Ziem.*

Panneau. Haut., 21 cent. ; larg., 15 cent.

Acheté à l'artiste.

ZIEM (Félix)

74 — Le Vieux Bassin à Marseille.

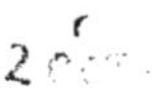

A droite et à gauche, les grands bateaux sont à l'ancre; quelques-uns portent à leur mâture des pavillons variés. Au premier plan, à gauche, dans l'eau clapotante, un homme en blouse rouge manœuvre une barque. Au fond et de chaque côté, à travers les mâtures, on devine les constructions qui s'alignent sur les quais. Le ciel bleu est en partie caché par les nuages, mais ceux-ci, pourtant, laissent filtrer de blondes clartés.

Signé à droite, en bas : *Ziem.*

Peinture sur carton. Haut., 20 cent ; larg., 25 cent.

Acheté à l'artiste.

ZIEM (Félix)

75 — Coucher de soleil sur la mer.

Au fond, plus loin que le tournant de la baie, le soleil va disparaître derrière les collines : son disque d'or, avant de s'effacer, promène un long reflet clair sur l'eau palpitante, tandis que des lueurs fauves, comme des gazes de pourpre rampent au-devant du ciel embrasé. Au premier plan, près de la plage, des barques sont amarrées ou vont amarrer. L'une d'elles, occupée par de nombreux pêcheurs, a sa voile à demi carguée.

Sur la plage, quelques hommes s'occupent de leurs filets.

Signé à droite, en bas : *Ziem.*

Panneau. Haut., 21 cent.; larg., 30 cent.

Acheté à l'artiste.

ZIEM (Félix)

76 — La Vague au large de Saint-Érasme.

A gauche, des roches que l'eau ne couvre pas encore; à droite, la mer avec des vagues tumultueuses, aux crêtes brodées d'écume. Au fond, quelques bateaux à voiles, balancés sur le flot, puis, au bas du ciel lointain, une chaîne de collines, toutes nimbées de lumière dans la transparence de l'atmosphère blonde.

Signé à droité, en bas : *Ziem.*

Panneau. Haut., 11 cent.; larg., 34 cent. 1/2.

Acheté à l'artiste.

ZIEM (Félix)

77 — Moulins en Hollande; effet de lune.

Au premier plan, les rives d'un canal aux eaux basses, puis, de l'autre côté, dominant les hangars aux toitures de tuiles rouges, des moulins sombres et trapus sur leur base, dressant les bras en croix de leurs ailes sous le ciel amplement ennuagé au-devant de l'azur et illuminé des reflets de la lune qui se lève.

Signé à droite, en bas : *Ziem.*

Panneau. Haut., 16 cent.; larg., 21 cent.

Acheté à l'artiste.

ZIEM (Félix)

78 — Sainte-Sophie.

Le fleuve sur la rive duquel, à droite, vient d'aborder un caïque; puis, sur l'autre rive du fleuve, dans un poudroiement d'or et de soleil, la ville dominée par les dômes de Sainte-Sophie.

Signé à droite, en bas : *Ziem.*

Peinture sur carton. Haut., 14 cent.; larg., 18 cent. 1/2.

Acheté à l'artiste.

ZIEM (Félix)

79 — La Vieille Tour.

Des bateaux sont à l'ancre avec leurs voiles à demi carguées et, au-dessus de la forêt des mâts, on aperçoit, au loin, la vieille tour qui dresse sa construction trapue vers le ciel nimbé de nuages transparents. Au premier plan, l'eau clapote contre la coque des bateaux.

Signé à gauche, en bas, à l'encre : *Ziem.*

Panneau. Haut., 13 cent.; larg., 16 cent.

Acheté à l'artiste.

ZIEM (Félix)

80 — Fête de nuit sur le Grand Canal.

Sur les quais, sur l'eau, même dans le ciel, il y a du feu, des lumières jaunes et rouges qui papillotent, des clartés qui montent le long des murs illuminés, qui rampent au bord des embarcations, qui brodent d'harmonie fauve les masses capricieuses et souples des nuées. Et l'on devine toutes ces clartés accompagnées de toutes les clameurs.

Signé à droite, en bas : *Ziem.*

Panneau. Haut., 15 cent.; larg., 20 cent.

Acheté à l'artiste.

ZIEM (FÉLIX)

81 — La Fête de l'Adriatique.

Sur le Grand Canal, les bateaux sont pavoisés et tirent des coups de canon en signe de fête. Au premier plan, une barque à dais de pourpre est menée par plusieurs rameurs. Au fond, les palais de la ville apparaissent plus roses, sous la lumière vive qui tombe du ciel grisé d'azur.

Signé à gauche, en bas, en rouge : *Ziem.*

Panneau. Haut., 15 cent.; larg., 22 cent.

Acheté à l'artiste.

ZIEM (FÉLIX)

82 — Le Port du Havre.

Le long d'un quai, un brick à vapeur est amarré ; ses cordages pendent aux mâts ; un drapeau flotte à la poupe. Le ciel est gris, largement ennuagé.

Signé à gauche, en bas : *Ziem.*

Panneau. Haut., 16 cent.; larg., 15 cent.

Acheté à l'artiste.

ZIEM (FÉLIX)

83 — Santa Maria della Salute.

Au premier plan, le Grand Canal, avec, à droite et à gauche, toute une flotte à l'ancre. Au premier plan, au milieu, une gondole glisse, occupée par des personnages auxquels un joueur de luth donne la sérénade. A gauche, une autre gondole. Au fond, à droite, Santa Maria della Salute, qui apparaît sous le poudroiement de la lumière du soleil bas à l'horizon. Dans le ciel, des clartés d'ambre qui se réfléchissent en larges stries de lumière à la surface du canal.

Signé à droite, en bas : *Ziem.*

Toile. Haut., 81 cent.; larg., 1 m. 16.

ZIEM (Félix)

84 — La Frégate au grand pavois.

Sur le Grand Canal, devant la Piazzetta, la frégate a arboré le grand pavois, et ses voiles et ses flammes semblent les ailes de grands oiseaux bariolés sous l'éclatante joie du soleil. Au premier plan, passe une gondole. D'autres embarcations sont à l'ancre. Au fond, à gauche, du même côté, les dômes de Santa Maria della Salute, sous un ciel bleu, marqué de nuages diaphanes.

Signé à droite, en bas : *Ziem.*

Derrière, une esquisse de la fête de nuit, à Venise, avec un effet de lune.

Peinture sur carton. Haut., 34 cent.; larg., 31 cent.

Acheté à l'artiste.

ZIEM (Félix)

85 — Les Goélands.

Au-dessus de l'eau bleue et sous le ciel clair, c'est un vol de goélands qui passent, grandes ailes blanches pressées qui se hâtent, semble-t-il, vers l'infini.

Signé à gauche, en bas : *Ziem.*

Panneau. Haut., 23 cent.; larg., 36 cent.

Acheté à l'artiste.

ZIEM (Félix)

86 — Une Jonchée de fleurs.

Des roses pâles, des bleuets, des myosotis, des giroflées dont les harmonies variées chantent sur un fond de feuillage léger.

Signé à droite, en bas : *Ziem.*

Panneau. Haut., 38 cent.; larg., 47 cent.

Acheté à l'artiste.

ZIEM (Félix)

87 — La Nuit descend sur la mer (Saint-Érasme).

Les baies se dessinent en bleu dans la courbe des terres brunes. Le ciel est tout de feu avec un grand nuage gris sombre qui descend lentement.

Signé à droite, en bas : *Ziem.*

Panneau. Haut., 20 cent. 1/2 ; larg., 34 cent.

Acheté à l'artiste.

ZIEM (Félix)

88 — Le Pont des Arts.

A droite, l'Institut ; au fond, à gauche, le massif de la Cité, dominé par les tours de Notre-Dame. Au premier plan, le quai du Louvre, puis le pont des Arts, au-dessous duquel la Seine coule, prenant au ciel mouvementé ses reflets d'azur et de lumière.

Signé à gauche, en bas : *Ziem.*

Panneau. Haut., 19 cent. ; larg., 32 cent. 1/2.

Acheté à l'artiste.

AQUARELLES

DESSIN — GOUACHE

BARYE (Antoine-Louis)

1796-1875.

89 — Le Taureau.

Il est représenté de profil à gauche, noir, tacheté de blanc et de gris, sur un fond de campagne découverte. Le ciel est gris.

Aquarelle.

Signée à gauche, en bas : *Barye*.

Haut., 17 cent.; larg., 27 cent. 1/2.

BARYE (Antoine-Louis)

90 — Éléphant marchant.

Le pachyderme, vu de face, s'avance d'un pas calme, dans le désert, sous un ciel gris.

Aquarelle.

Signée à gauche, en haut : *Barye*.

Haut., 11 cent. 1/2; larg., 15 cent.

BARYE (Antoine-Louis)

91 — Tigre royal couché.

Le fauve est couché, le corps de profil à gauche, la tête tournée de face, la patte gauche de devant croisée sur la patte droite, les deux cuisses affalées sur le flanc. La figure, à l'expression intense de force et d'astuce, se détache sur un fond de roches et de sable, avec, à droite, un coin de ciel bleu.

Aquarelle.
Signée à gauche, en bas : *Barye.*

Haut., 8 cent. 1/2 ; larg., 18 cent. 1/2.

Vente Coquelin.

DELAUNAY (Élie)

92 — Portrait de La Fontaine.

D'après Edelinck, avec une figure de la Renommée.
Aquarelle.
Signée à droite, en bas : *d'après Edelinck, Elie Delaunay, 1882.*

Haut., 38 cent. ; larg., 29 cent.

Acheté à l'artiste.

DELAUNAY (Élie)

93 — Philémon et Baucis.

C'est l'interprétation du poème de La Fontaine, au passage où l'on voit Jupiter, accompagné de Mercure, rendre visite à Philémon et Baucis.

Aquarelle.
Signée, à gauche, en bas : *Elie Delaunay, 1882.*

Haut., 23 cent. ; larg., 26 cent.

Acheté à l'artiste.

DELAUNAY (ÉLIE)

94 — Le Vieillard et les trois jeunes hommes.

Le maître a illustré les vers de la fable :

> Un octogénaire plantoit.
> Passe encor de bâtir ; mais planter à cet âge !
> Disoient trois jouvenceaux, enfants du voisinage :
> Assurément il radotoit.
> Car, au nom des dieux, je vous prie,
> Quel fruit de ce labeur pouvez-vous recueillir ?
> Autant qu'un patriarche il vous faudroit vieillir...
> . . . .
> Tout cela ne convient qu'à nous.
> Il ne convient pas à vous-mêmes,
> Repartit le vieillard. Tout établissement
> Vient tard, et dure peu. La main des Parques blêmes
> De vos jours et des miens se joue également...
>
> (Livre XI, Fable VIII.)

Aquarelle.

Signée à droite, en bas : *Elie Delaunay, 1880.*

Haut., 20 cent. ; larg., 24 cent.

Acheté à l'artiste.

MOREAU (GUSTAVE)

1826-1898.

95 — « Wates ».

Il est accoudé, vêtu de rouge et d'or, ses cheveux couronnés de feuillage et il écoute les voix inspiratrices, tandis qu'au-dessus de lui un oiseau plane, ses larges ailes bleues déployées.

Aquarelle.

Signée à droite, en haut : *Gustave Moreau.*

A gauche, on lit le mot : *Vates.*

Haut., 21 cent. ; larg., 10 cent. 1/2.

Acheté à l'artiste.

MOREAU (Gustave)

96 — Europe.

Jupiter apparaît sous la forme d'un taureau ailé et contre lui se presse une femme au torse nu, les reins et les cuisses ceints de bandes gemmées. Plus bas, abritée sous la puissance dominatrice du dieu, une autre figure ailée dans une attitude de soumission.

En bas de cette gouache esquissée, on lit : *Europe, émail, 1897.*

Signée à droite, en bas : *Gustave Moreau.*

Haut., 12 cent.; larg., 8 cent.

Acheté à l'artiste.

MOREAU (Gustave)

97 — Le Christ.

Le Christ s'élève vers le ciel. Il est porté par des anges, l'un soutient son bras gauche, l'autre s'appuie près du torse dont la blessure saigne. Un autre, derrière la figure du Christ, enlève, sur une patène, la couronne d'épines. Et tandis que le sang, qui coule des plaies saintes, va se répandre sur la terre, voici que dans le ciel s'allume, en une vision fulgurante, le *Signum Crucis* de la Foi nouvelle.

Aquarelle.

Signée à gauche, en bas : *Gustave Moreau.*

Haut., 46 cent.; larg., 26 cent.

Acheté à l'artiste.

Exposition Gustave Moreau. (Paris 1906, n° 123.)

MOREAU (Gustave)

98 — Dalila.

Elle est à demi assise, accoudée contre un socle de marbre. Elle est vue, la tête presque de face. Ses seins nus surgissent d'une ceinture rouge et sa jambe gauche apparaît dans l'ouverture de son costume violet aux broderies vertes. Derrière elle, un ibis ouvre grandes ses ailes roses. Le fond comporte les détails architectoniques d'un palais.

Dessin à la plume, avec de très larges reprises d'aquarelle.

Signé à gauche, en bas : *Gustave Moreau,* avec ce titre, écrit à droite : *Dalila.*

Haut., 18 cent.; larg., 16 cent.

Acheté à l'artiste.

MOREAU (Gustave)

99 — Le Poète persan.

Dans un défilé, le jeune poète persan, monté sur son cheval blanc aux jambes roses, s'avance, les mains croisées sur sa poitrine, le front ceint d'une tiare, le regard inspiré : il écoute la voix d'un ange drapé d'azur et aux grandes ailes de feu, qui l'accompagne.

Aquarelle.

Signée à gauche, en bas : *Gustave Moreau.*

Haut., 33 cent. 1/2 ; larg., 14 cent.

Acheté à l'artiste.

NITTIS (Giuseppe de)

1846-1884.

100 — Idylle antique.

Au fond d'un bois sacré, au bord d'un étang, une nymphe, vue de dos et nue, est en train de pêcher à la ligne, tandis que, près d'elle, un compagnon souffle dans ses pipeaux.

Aquarelle.

Signée à droite, en bas : *de Nittis.*

Haut., 26 cent.; larg., 20 cent. 1/2.

Acheté à l'artiste.

SCULPTURES

BARYE (ANTOINE-LOUIS)

1796-1875.

101 — Panthère de l'Inde.

Épreuve fondue à cire perdue, patine brune.
Signée : *Barye.*

Haut., 10 cent.; long., 20 cent.; larg., 6 cent. 1/2

BARYE (ANTOINE-LOUIS)

102 — Tigre marchant.

Épreuve ancienne.
Signée sur la terrasse, à droite et en arrière.
Bronze, patine giroflée.

Haut., 21 cent.; long., 39 cent.; larg., 10 cent.

BARYE (ANTOINE-LOUIS)

103 — Lion marchant.

Épreuve ancienne.
Signée en avant, sur le côté gauche.
Bronze, patine giroflée.

Haut., 23 cent.; long., 39 cent. 1/2; larg., 10 cent.

BARYE (ANTOINE-LOUIS)

104 — **Jaguar marchant, n° 1.**

Épreuve ancienne.
Bronze, patine giroflée.

Haut., 11 cent.; long., 22 cent.; larg., 7 cent.

BARYE (ANTOINE-LOUIS)

105 — **Hercule portant le sanglier d'Érymanthe.**

Petit groupe en argent, monté sur le couvercle d'un confiturier en cristal.
Signé sur la terrasse.

Haut., 12 cent.; long., 5 cent. 1/2; larg., 8 cent.

BARYE (ANTOINE-LOUIS)

106 — **Petit Taureau debout.**

Épreuve ancienne.
Signée.
Bronze, patine antique.

Haut., 9 cent.; long., 13 cent.; larg., 5 cent.

BARYE (ANTOINE-LOUIS)

107 — **Gazelle d'Éthiopie.**

Épreuve ancienne.
Signée : *Barye,* avec le poinçon : *Barye, 35.*
Bronze, patine médaille.

Haut., 7 cent.; long., 10 cent. 1/2; larg., 4 cent. 1/2.

BARYE (ANTOINE-LOUIS)

108 — **Cigogne sur le dos d'une tortue.**

Argent.

Haut., 8 cent. 1/2; longueur de la terrasse, 5 cent.

BARYE (ANTOINE-LOUIS)

109 — **Panthère terrassant un zibet.**

Modèle patine médaille.

Haut., 12 cent.; longueur de la terrasse, 25 cent.

BARYE (ANTOINE-LOUIS)

110 — **Lapin aux oreilles couchées (a) et lapin aux oreilles levées (b).**

Deux petits bronzes argentés montés sur un couvercle de légumier en argent.

(a) Haut., 4 cent. 1/2 ; larg., 5 cent
(b) Haut., 3 cent.; larg., 5 cent.

BARYE (ANTOINE-LOUIS)

111 — **Jeune Chamois.**

Epreuve en argent.

Haut., 8 cent.; long., 7 cent. 1/2 ; larg., 4 cent

BARYE (ANTOINE-LOUIS)

112 — **Chat assis.**

Epreuve en bronze argenté.

Haut., 9 cent; long., 7 cent.; larg., 3 cent 1/2.

BARYE (ANTOINE-LOUIS)

113 — Jeunes Lions combattant.

Modèle, patine médaille, signé.
Socle de forme ovale.

Haut., 18 cent.; long., 17 cent.; larg., 15 cent.

BARYE (ANTOINE-LOUIS)

114 — Lion assis, nº 3.

Modèle, patine médaille, bronze, signé.

Haut., 18 cent.; long., 18 cent.; larg., 7 cent.

BARYE (ANTOINE-LOUIS)

115 — Lion dévorant une antilope.

Variante du lion dévorant une biche.
Signé près de la croupe.
Bronze, patine Barye.

Haut., 15 cent. 1/2; long., 35 cent.; larg., 12 cent.

BARYE (ANTOINE-LOUIS)

116 — Jaguar dévorant un lièvre.

Épreuve moderne, patine verte.

Hauteur du bronze, 40 cent.; longueur de la terrasse, 1 m. 03

BARYE (ANTOINE-LOUIS)

117 — Tigre dévorant une antilope.

Modèle, signé : *Barye*.
Bronze, patine brune.

Haut., 11 cent. 1/2; long., 23 cent.; larg., 7 cent.

BARYE (Antoine-Louis)

118 — Ours debout.

Modèle signé.
Bronze, patine médaille.

Haut., 25 cent.; long., 13 cent.; larg., 7 cent.

BARYE (Antoine-Louis)

119 — Famille de cerfs.

Épreuve ancienne patine verte.

Hauteur du bronze, 16 cent.; longueur de la terrasse, 16 cent.

BARYE (Antoine-Louis)

120 — Lion au serpent, n° 1.

Moulage ancien en plâtre patiné.

Haut., 26 cent. 1/2; long., 36 cent.; larg., 18 cent.

GARDET (Georges)

121 — Chien assis sur son arrière-train.

En argent.

Haut., 9 cent. 1/2; long., 5 cent. 1/2; larg., 3 cent.

JACQUE (Charles)

1813-1849.

122 — La Vache maigre.

Elle marche, ses flancs lourds et maigres secoués sous ses os saillants.

Signé sur le socle : *Ch. J.*
Bronze, patine médaille.

Haut., 11 cent.; long., 21 cent.; larg., 7 cent.

JACQUE (CHARLES)

123 **Coq et Poule.**

Deux petites figures en argent (?) montées sur un couvercle de légumier.

Coq. Haut., 8 cent. 1/2 ; long., 5 cent. 1/2 ; larg., 3 cent. 1/2.
Poule. Haut., 8 cent.; long., 8 cent.; larg., 4 cent. 1/2.

JACQUE (CHARLES)

124 — **Canard, la tête tournée.**

Monté sur socle en marbre vert.
Signé sur le devant : *Ch. J.*
Bronze, patine médaille.

Haut., 6 cent.; long., 8 cent.; larg., 4 cent.

JACQUE (CHARLES)

125 — **Le Canard à la tête levée** (a) **et le Canard le cou tendu vers le sol** (b).

Deux petites pièces en argent, montées sur un couvercle de légumier en argent.

(a) Haut., 8 cent. 1/2; long., 8 cent. 1/2 ; larg., 3 cent. 1/2.
(b) Haut., 4 cent. 1/2 ; long., 9 cent. 1/2 ; larg., 4 cent.

RODIN (AUGUSTE)

126 — **Jeune Fille confiant son secret à la nature.**

Bronze, patine giroflée.

Haut., 23 cent.; long., 13 cent.; larg., 15 cent.

Acheté à l'artiste.

RODIN (AUGUSTE)

127 — L'Éternelle Idole.

La femme, inspiratrice, est debout et l'homme à genoux, devant elle, les mains derrière le dos, pour que nul attouchement charnel n'obscurcisse sa pensée, écoute de sa lèvre fervente la vie de l'âme qui bat dans le sein de l'inspiratrice.

Bronze, patine sombre.

Haut., 17 cent.; long., 13 cent. 1/2; larg., 7 cent.

Acheté à l'artiste.

RODIN (AUGUSTE)

128 — Celle qui fut Haulmière.

Bronze, patine antique (1re épreuve).

Haut., 52 cent.; long., 25 cent.; larg., 23 cent.

Acheté à l'artiste (reçu de Rodin, 13 septembre 1889).

RODIN (AUGUSTE)

129 — Amor fugit.

Entraîné par la vie, l'éphèbe, incapable de résister, couché sur le dos.

Signé : *Rodin.*

Bronze, patine brune.

Haut., 40 cent.; long., 45 cent.; larg., 25 cent.

Acheté à l'artiste.

RODIN (AUGUSTE)

130 — Étude pour le Désespoir.

C'est une femme nue, assise sur une roche : de la main droite, elle tient son pied, la jambe étant ployée. De la main gauche, elle relève sa jambe gauche, la cuisse prenant un point d'appui au genou droit, et sa tête se tient comme écrasée sur le bras gauche.

Dans la base est ménagée une boite.

Signé derrière, sur la roche : *A. Rodin.*

Bronze.

Haut., 18 cent.; long., 9 cent.; larg., 6 cent.

Acheté à l'artiste.

RODIN (Auguste)

131 — Étude pour le Désespoir.

Plâtre original du bronze n° 130.

RODIN (Auguste)

132 — Les Damnées.

Toutes les deux, nues, se serrent en un spasme furieux.
Bronze, patine brune.

Acheté à l'artiste. Haut., 19 cent.; long., 30 cent.; larg., 9 cent.

RODIN (Auguste)

133 — L'Idylle.

Dans la grotte, tous deux cherchent l'ombre et s'enlacent.
Bronze, patine brune.

Haut., 50 cent.; long., 30 cent.; larg., 27 cent.

Ce modèle est unique et ne pourra jamais être reproduit en aucune matière. Je m'engage à briser le modèle en plâtre qui a servi à la fonte en bronze, aucun autre n'existant. (Lettre de Rodin à Antony Roux, 20 juillet 1891.)

La lettre sera remise à l'adjudicataire qui sera subrogé purement et simplement aux droits du vendeur, sans aucune garantie de sa part et sans que l'adjudicataire puisse exercer contre lui un recours quelconque pour le cas où les termes de la lettre ci-dessus n'auraient pas été respectés.

RODIN (Auguste)

134 — La Femme et la fleur.

Une ondine, dont le torse gracile et nerveux émerge de l'eau. Des fleurs s'épanouissent sur le socle.

Figure en pierre. Signée derrière, avec cette dédicace : *Fait avec plaisir pour mon ami Roux. Rodin.*

Haut., 48 cent.; long., 20 cent.; larg., 21 cent.

RODIN (AUGUSTE)

135 — Douleur.

Elle est debout, les jambes infléchies et pèse de son torse écroulé sur un rocher, la tête en partie cachée par ses deux bras ployés.

Bronze, patine dorée.

Haut., 19 cent.; long., 18 cent.; larg., 8 cent.

Acheté à l'artiste.

RODIN (AUGUSTE)

136 — Iris.

La Messagère des dieux vient réveiller la jeune nymphe endormie.

Signé à droite.

Modèle bronze.

Haut., 33 cent.; long., 21 cent.; larg., 26 cent.

RODIN (AUGUSTE)

137 — Iris.

Plâtre original du bronze n° 136.

Reçu de M. Antony Roux la somme de... pour un groupe « Iris », dont il a la propriété entière... (21 septembre 1885.

Il a été tiré plusieurs épreuves en bronze.

Avec ce plâtre est transmis le droit exclusif de reproduction pour l'avenir.

Le reçu mentionné sera remis à l'adjudicataire qui sera subrogé purement et simplement aux droits du vendeur, sans aucune garantie de sa part et sans que l'adjudicataire puisse exercer contre lui un recours quelconque pour le cas où les termes du reçu ci-dessus n'auraient pas été respectés.

RODIN (AUGUSTE)

138 — Faunesse.

Elle est assise sur une roche, le torse cambré, la tête renversée, les deux bras croisés, les mains agrippées aux poils de ses jambes.

Signé en arrière, à gauche : *Rodin.*

Bronze, patine brune.

Haut., 17 cent.; long., 16 cent.; larg., 8 cent.

Acheté à l'artiste.

Épreuve unique à la connaissance des vendeurs. Cette assertion ne pourra, néanmoins, leur être imputée comme une garantie.

RODIN (Auguste)

139 — Faunesse.

Plâtre original du bronze n° 138.

RODIN (Auguste)

140 — Nymphe et faune.

Le faune s'est emparé de la nymphe: il l'a assise de force sur sa cuisse velue et il la lutine d'une main passionnée, tandis qu'elle résiste. Cette œuvre est inspirée de *l'Après-midi d'un faune*, de Stéphane Mallarmé.

Bronze, épreuve patine brune.

Haut., 34 cent.; long., 20 cent.; larg., 29 cent.

Acheté à l'artiste.

RODIN (Auguste)

141 — Femme assise, les pieds écartés.

Elle est assise sur un pli de terrain, les cuisses rapprochées, les genoux serrés, les deux jambes écartées. Elle penche le haut du corps en avant et tient ses pieds de ses mains, les bras tendus.

Signé à gauche, sur le sol : *Rodin*.

Plâtre.

Haut., 22 cent.; long., 17 cent.; larg., 15 cent.

Acheté à l'artiste.

RODIN (Auguste)

142 — Jeune Femme accroupie.

Elle est agenouillée, assise sur les talons, le torse penché en avant, appuyé des deux mains au sol, les bras tendus.

Bronze, patine cuivre blond.

Base rectangulaire.

Haut., 15 cent.; long., 14 cent.; larg., 15 cent.

Acheté à l'artiste.

RODIN (AUGUSTE)

143 — Tête de femme.

En argent, sur socle en marbre.

Acheté à l'artiste. Haut., 9 cent. ; long., 7 cent ; larg., 8 cent.

RODIN (AUGUSTE)

144 — Volupté. (Les Fleurs du mal.)

Bronze, patine brune.

Acheté à l'artiste. Haut., 35 cent. ; long., 42 cent ; larg., 24 cent.

RODIN (AUGUSTE)

145 — L'Homme au serpent.

Il est encore debout, il lutte avec le reptile, mais celui-ci vient de le piquer au cou et l'homme fléchit, vaincu.

Signé sur le devant, à droite : *Rodin.*

Bronze, patine brune.

Acheté à l'artiste. Haut., 72 cent. ; long., 55 cent. ; larg., 27 cent.

Cette œuvre du maître est de 1885.

A propos de cette figure, Rodin écrivit à Antony Roux : « C'est convenu, seulement mon étude reste sans modifications pour moi. C'est pour vous que je fais des modifications et c'est pour entrer dans le sujet, d'homme luttant avec un serpent, que je changerai les bras... » (Lettre non datée).

Il n'existe à la connaissance des vendeurs aucune autre épreuve. Cette assertion ne pourra, néanmoins, leur être imputée comme une garantie.

RODIN (AUGUSTE)

146 — L'Homme au serpent.

Plâtre original du bronze n° 145.

RODIN (AUGUSTE)

147 — La Baigneuse.

Elle est assise sur une roche ; elle vient de se baigner et elle éponge son dos à l'aide d'une serviette qu'elle fait glisser de ses deux mains.

Bronze, patine sombre.

Acheté à l'artiste. Haut., 36 cent. ; long., 17 cent. ; larg., 19 cent.

RODIN (Auguste)

148 — La Baigneuse.

Plâtre original du bronze n° 147.
Signé derrière, sur la roche : *Rodin.*

Haut. 37 cent : long., 18 cent.; larg., 20 cent.

Acheté à l'artiste.

Reçu de M. Antony Roux la somme de... pour une petite figure « Jeune Fille au bain ». Je la livre comme original, m'interdisant la reproduction. Deux ou trois épreuves ont été données en plâtre antérieurement à des amis. Signé : *Rodin* (24 septembre 1888).

La lettre sera remise à l'adjudicataire qui sera subrogé purement et simplement aux droits du vendeur, sans aucune garantie de sa part et sans que l'adjudicataire puisse exercer contre lui un recours quelconque pour le cas où les termes de la lettre n'auraient pas été respectés.

RODIN (Auguste)

149 — Glaucus.

Le vieillard, les mains sur ses genoux écartés, porte l'ondine qui se presse contre lui.
Signé, derrière : *Rodin.*
Bronze, patine sombre.

Haut., 20 cent.; long., 17 cent.; larg., 12 cent.

RODIN (Auguste)

150 — Glaucus.

Plâtre original du bronze n° 149.

Reçu de M. Antony Roux la somme de... pour un modèle « Glaucus »... Je m'engage à n'en plus faire, ni en bronze, ni en marbre, l'original étant à Monsieur Roux, qui ne peut non plus en faire plusieurs ni en bronze, ni en marbre (22 juillet 1891).

Le reçu mentionné sera remis à l'adjudicataire qui sera subrogé purement et simplement aux droits du vendeur, sans aucune garantie de sa part et sans que l'adjudicataire puisse exercer contre lui un recours quelconque pour le cas où les termes du reçu ci-dessus n'auraient pas été respectés.

Objets d'Art et d'Ameublement

151 — Deux consoles d'applique en bois sculpté, ajouré, doré, à décor de coquilles, rinceaux de feuillages et fleurs. Une est du temps de la Régence, l'autre est moderne.

Haut., 43 cent.

152 — Petite pendule de voyage, de forme quadrangulaire, en bronze ciselé et doré, couronnement à gorge muni d'une poignée formée par un serpent; décor de feuillages de chêne, écoinçons, grosses rosaces. Elle repose sur quatre pieds-griffes. Le cadran est marqué *J. Robert et fils*. Époque Louis XVI.

Haut., 22 cent.

153 — Paire de flambeaux en argent fondu et ciselé. La tige, triangulaire, est ornée de coquilles et canaux obliques. La base à moulures, agrafes, entrelacs et oves. Vieux Paris. Époque Régence.

Haut., 28 cent.

154 — Paire de flambeaux en argent repoussé et ciselé. Base à gorge; décor d'entrelacs, feuilles, guirlandes. XVIIIe siècle.

Haut., 29 cent.

155 — Sucrier avec son couvercle, muni de deux anses, et accompagné de son présentoir reposant sur quatre petits pieds; en argent ciselé. Décor de cannelures obliques, rocailles, nœud de ruban avec médaillon armorié. Le bouton du couvercle formé d'une touffe de fraises. Vieux Paris. Époque Louis XV.

Haut., 15 cent.

156 — Fauteuil en bois sculpté ciré, à décor de rocailles, coquilles et rinceaux, du temps de la Régence. Garniture de soie brochée.

Larg., 70 cent.

157 — Fauteuil en bois sculpté ciré, modèle analogue au précédent, du temps de la Régence.

Larg., 70 cent.

158 — Fauteuil canné, en bois sculpté ciré, de forme mouvementée, à décor de rocailles, feuillages, rinceaux et fruits à graines. Époque Louis XV.

Larg., 65 cent.

159 — Fauteuil en bois sculpté ciré, de forme mouvementée, décoré de rocailles et rinceaux de feuillage. Époque Louis XV. Garniture d'étoffe brochée au siège et au dossier.

Larg., 63 cent.

160 — Bergère à oreilles, en bois mouluré, sculpté, ciré, de forme mouvementée; décor à fleurettes. Époque Louis XV. Garniture et coussin mobile, en velours vert épinglé, à fleurettes.

Larg., 70 cent.

161 — Bergère marquise, en bois sculpté redoré, de forme mouvementée, décorée de moulures, fleurettes et feuillages. Époque Louis XV. Garniture et coussin mobile en velours rouge.

Larg., 80 cent.

162 — Deux grandes bergères en bois sculpté doré. Les dossiers sont de forme arrondie. Le décor présente des entrelacs, des sequins et de larges feuilles. Les pieds sont fuselés et cannelés. Toutes deux portent l'estampille du maître ébéniste *Julien*. Époque Louis XVI. Garniture et coussin mobile en velours vert épinglé, à rayures et fleurettes.

Larg., 67 cent.

163 — Sept chaises en bois sculpté ciré, rechampies de dorure. Les dossiers sont de forme mouvementée. Le décor présente les sequins, des rameaux feuillagés, des nœuds de ruban, coquilles et feuilles. Elles sont garnies d'ancienne tapisserie au point et au petit point, présentant des personnages sur les dossiers et des oiseaux sur les sièges, dans des encadrements d'arabesques. xviiie siècle.

164 — Commode de forme contournée, munie de deux tiroirs, en marqueterie de bois de couleur, à fleurs et oiseaux. Garniture de bronzes ciselés et dorés, tels que : chutes, sabots, poignées, cul-de-lampe. Dessus de marbre brèche. Époque Louis XV.

Larg., 1 m. 23

165 — Console d'applique, en bois sculpté ciré; de forme mouvementée, à décor de volutes, coquilles, fleurs. Les deux pieds sont reliés par une entrejambe à cartouche, rocaille et fleurettes. Dessus de marbre brèche. En partie du temps de Louis XV.

Larg., 95 cent.

166 — Grand meuble à deux corps, en bois sculpté ciré et marbre, par Allar. Il ouvre à quatre portes et quatre tiroirs : le décor consiste en bas-reliefs placés entre deux colonnes et deux gaines. Le fronton coupé est orné de trois statuettes : Jupiter assis entre Junon et Vénus demi-couchées; les bas-reliefs représentent les quatre Éléments.

Larg., 1 m. 57.

167 — Buffet d'entre-deux, ouvrant à deux portes et deux tiroirs, en bois mouluré, sculpté, ciré, par Allar, décoré de bas reliefs : Figures de femmes. Dessus de marbre.

Larg., 1 m. 25.

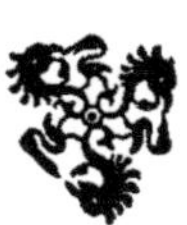

www.ingramcontent.com/pod-product-compliance
Ingram Content Group UK Ltd.
Pitfield, Milton Keynes, MK11 3LW, UK
UKHW021311190726
13839UKWH00007B/1168

9 782329 526942